POLÍTICA É PARA TODOS

GABRIELA PRIOLI

POLÍTICA É PARA TODOS

COMPANHIA DAS LETRAS

Copyright © 2021 by Gabriela Prioli

Grafia atualizada segundo o Acordo Ortográfico da Língua Portuguesa de 1990, que entrou em vigor no Brasil em 2009.

Capa e projeto gráfico
Alceu Chiesorin Nunes

Pesquisa
Caio Favaretto
Frederico Assis
José Henrique Bortoluci

Checagem
Érico Melo

Preparação
Maria Emilia Bender

Revisão
Carmen T. S. Costa
Luciane H. Gomide

Dados Internacionais de Catalogação na Publicação (CIP)
(Câmara Brasileira do Livro, SP, Brasil)

    Prioli, Gabriela
      Política é para todos / Gabriela Prioli — 1ª ed. — São Paulo :
Companhia das Letras, 2021.

      Bibliografia
      ISBN 978-65-5921-083-1

      1. Ciências políticas 2. Constituição 3. Eleições – Brasil
4. Política – Brasil 5. Política e governo I. Título.

21-61969   CDD-320

Índice para catálogo sistemático:
1. Ciências políticas 320

Maria Alice Ferreira – Bibliotecária – CRB-8/7964

5ª reimpressão

[2021]
Todos os direitos desta edição reservados à
EDITORA SCHWARCZ S.A.
Rua Bandeira Paulista, 702, cj. 32
04532-002 — São Paulo — SP
Telefone: (11) 3707-3500
www.companhiadasletras.com.br
www.blogdacompanhia.com.br
facebook.com/companhiadasletras
instagram.com/companhiadasletras
twitter.com/cialetras

Sumário

Introdução 7

1. Estado e política: por que
   é importante conhecer? 13
2. O que é uma República Federativa? 45
3. Autoritarismo e democracia:
   quais as diferenças? 69
4. Executivo, Legislativo e Judiciário:
   o que faz cada um deles? 95
5. Para que servem os partidos? 133
6. Como os votos se transformam
   em mandatos? 151
7. Como são financiadas as eleições
   e por que isso importa? 179
8. Qual o papel dos eleitores
   no processo democrático? 203
9. Como participar da política além
   das eleições? 237

Para saber mais 251
Referências bibliográficas 263
Sobre a autora 271

Introdução

Quando se fala de política, a maioria das pessoas pensa em sujeitos com bótons presos na lapela, homens engravatados e mulheres de terninho. Pensa em partidos, eleições, ou mesmo corrupção e defesa de interesses próprios. Quantas vezes você já não ouviu que política não se discute? Que, junto com religião e futebol, é um tema de foro íntimo? Que brasileiro vota errado porque tem memória curta? E aposto que conhece quem desligue a TV quando começa o horário eleitoral porque acha que político é tudo igual.

Acontece que nos últimos anos a política passou a ocupar um lugar central no nosso dia a dia. O assunto parece onipresente e não existe mais espaço real ou virtual em que não pipoquem bate-bocas acalorados sobre o que está acontecendo no mundo da política. E esse interesse crescente com frequência vem acompanhado de conflitos, de defesas apaixonadas de temas ou figuras públicas. Seja nas redes sociais, na família, no trabalho ou mesmo entre amigos que até há pouco tempo nem se interessavam pelo assunto, a dinâmica se repete e a polarização se transforma em norma.

Essa persistência de temas políticos em tantas esferas da vida trouxe uma necessidade constante de nos posicionar a respeito dos mais diversos assuntos. Ao mesmo tempo, a crise no Brasil, cada vez mais intrincada, complexa, faz com que muitas pessoas, mesmo bem informadas, se sintam inseguras para dar conta de tantas discussões e formular suas próprias opiniões.

Muitas questões políticas e institucionais têm levantado paixões e movido uma série de debates. Durante a pandemia de covid-19, por exemplo, acompanhamos uma diversidade de disputas em torno de atribuições de unidades da federação, da solidez de nossa democracia, da responsabilidade do Estado perante o aumento da pobreza trazido pela crise econômica. Dúvidas não faltaram: quem se responsabiliza pelas políticas de combate ao coronavírus e pelas políticas de saúde de forma mais ampla? Devo cobrar medidas sanitárias do presidente, dos deputados, do governador ou do prefeito? Um presidente pode ser afastado em virtude de sua atuação numa pandemia?

A lista de assuntos é enorme e, para compreender melhor qualquer um deles, é necessário saber não apenas por que eles estão na ordem do dia, mas entender como se relacionam com os pilares de funcionamento da democracia brasileira.

A proposta deste livro é familiarizar o leitor com as engrenagens políticas que afetam tão profundamente as dinâmicas da nossa sociedade. Democracia, presidencialismo, harmonia entre os poderes, atribuição de cada uma das esferas, federalismo e Estado Democrático de Direito são alguns dos temas.

Sempre ouço a mesma pergunta: como posso navegar com mais segurança em meio a tantas notícias para formar as minhas próprias opiniões? De fato, o mundo da política assusta muita gente, e não há dúvida de que entender o contexto político, institucional e jurídico por trás dessas discussões pode ser um desafio e tanto. Às vezes temos a impressão de que as coisas são mais complicadas do que deveriam justamente para que a maioria da população não consiga perceber de verdade o que está em jogo e não possa escolher um lado, cobrar os governantes e votar de modo mais consciente.

E como podemos desenvolver nossa habilidade de compreender melhor a conjuntura política e o que alimenta esses debates? Há bastante tempo eu tenho produzido conteúdos e dado minha opinião, buscando sempre uma argumentação racional sobre os mais diversos temas da vida política brasileira, além de um vocabulário que torne esse material acessível ao maior número de pessoas possível. Na minha carreira como advogada, tive que enfrentar na prática a necessidade de entender o que estava em jogo em muitas situações diferentes para poder tomar partido da maneira mais precisa e eficaz possível. Como professora, percebi como é importante que os alunos ganhem confiança na análise de situações complexas, conseguindo assim elaborar e expor seus pontos de vista. Meu desejo é que cada um forme a própria visão de mundo, e não que incorpore a minha.

É por isso que quero tratar de temas sobre os quais as pessoas muitas vezes têm dúvidas, mas têm vergonha ou receio de perguntar, o que as impede de se posicionar de forma clara e consistente, seja com amigos, seja no trabalho, seja na família. A ideia é que este livro ajude você a construir suas próprias opiniões a respeito de assuntos que fazem parte do nosso cotidiano — inclusive os mais polêmicos. Assim, você vai poder debater com fundamento, riqueza de argumentos e de forma segura. Você vai discutir política de uma forma racional e embasada.

E estas são algumas das perguntas que serão respondidas aqui, para explicar esse mundo tão complexo da política: afinal, para que serve uma Constituição? O que é presidencialismo de coalizão? E parlamentarismo? O que compete a cada um dos Três Poderes e o que significa buscar a harmonia entre eles? O que significa dizer que o Estado pode fazer uso legítimo da violência? Para que serve um partido político? Eles estão em sintonia com a sociedade hoje em dia? O que é "centrão", fisiologismo e cláusula de barreira? Como funcionam as eleições no Brasil? Por que o voto é obrigatório entre nós? E o impacto da propaganda eleitoral na era das redes sociais? Como faço para não cair em fake news?

Pretendo tratar de todos esses temas e tantos outros, mostrando um pouco da história da política brasileira e trazendo exemplos internacionais que ajudem a explicar os conceitos.

Também quero que o livro sirva de inspiração para que você possa, se quiser, é claro, se engajar na política, seja ela partidária ou não. E espero que ele contribua para que você tome as melhores decisões na hora de votar, para que possamos construir um Brasil e um mundo melhores para esta e para as próximas gerações. Meu desejo é oferecer novos elementos e reflexões, úteis à sua vida e aos objetivos, para que você faça a diferença e deixe sua marca onde quer que você atue.

Quero compartilhar alguns dos conhecimentos que adquiri ao longo do tempo e que podem servir de ferramentas para trazer mais razão às discussões. Espero que, ao longo da leitura, você questione suas certezas sobre as coisas a seu redor e interprete os fatos da forma como se apresentam, não como você gostaria que eles fossem. Isso não significa abandonar nossas aspirações. Partindo da realidade, usamos o sonho para direcionar a construção do mundo que desejamos. Mas, para isso, precisamos enterrar o achismo e estimular conversas saudáveis, que fomentem a troca de opiniões e valorizem o conhecimento. Afinal, sem diálogos produtivos e respeito às diferenças, quem sai perdendo é a democracia (e, consequentemente, todos nós).

1.
ESTADO E POLÍTICA: POR QUE É IMPORTANTE CONHECER?

O QUE É POLÍTICA?

Vamos partir de uma premissa básica: não é preciso ser político para participar da política. "Política" tem a ver com o modo como nos organizamos enquanto sociedade — uma noção que está embutida na própria palavra.

"Pólis" é um termo grego que significa "cidade". Em sua acepção original, a palavra se referia tanto ao espaço central da cidade-Estado grega, onde estavam instaladas as instituições políticas e administrativas, quanto ao corpo de cidadãos de determinada cidade. De forma simplificada, podemos dizer que em sua origem a palavra "política" englobava tanto a política institucionalizada — hoje associada a parlamentos, partidos, ministérios etc. — quanto a política cotidiana, que abrange todos os cidadãos da pólis. Desde os primórdios, então, a ideia de política esteve ligada às habilidades e práticas de tomada de decisões e de administração de determinado território, bem como às dinâmicas de discussão, negociação, formação de opinião e conflitos inerentes aos indivíduos que vivem em sociedade.

Assim, a política se relaciona à arte do convívio entre os diferentes e à forma como resolvemos nossas disputas, como decidimos sobre questões que afetam a todos (ou a muitos, pelo menos) e agimos para planejar um futuro diferente. Ela envolve tanto uma dimensão pragmática, ou seja, prática — pois há muitos problemas a serem solucionados em qualquer momento histórico —, quanto uma dimensão construtiva, às vezes até mesmo utópica, uma vez que o futuro está indefinido e depende de nossa capacidade coletiva de imaginação e de ação. Lembram-se do que eu disse na introdução? O sonho para construir a realidade.

Portanto, quando empregamos o termo política, nós nos referimos a um amplo conjunto de atividades, instituições, ideologias e padrões de comportamento relacionados a conflitos do poder, do funcionamento dos governos, da mobilização social, entre tantas outras questões associadas à vida coletiva. A vida comunitária, sobretudo em sociedades complexas, exige a criação de soluções para problemas coletivos e de mecanismos para lidar com os embates que, inevitavelmente, surgem no interior de determinada comunidade. Ou seja, qualquer dimensão da política está ligada à existência real ou à possibilidade da emergência de inúmeras formas de interação e de disputa entre indivíduos ou grupos que compõem aquela coletividade.

Por se tratar de um campo tão amplo de atuação e de estudo, diversas áreas acadêmicas se debruçaram sobre o assunto: a ciência política, o direito, a sociologia, a história, a antropologia e até mesmo disciplinas como a psicologia e a economia. Mas é claro que não são apenas os especialistas acadêmicos que pensam, falam e escrevem sobre política. O conhecimento gerado pelas pesquisas também convive com discursos, ideias e teorias advindas de outras fontes, como o jornalismo e as próprias experiências de atores mais intensamente envolvidos no jogo político, como partidos, lideranças e movimentos sociais. Isso mostra que a política é um objeto complexo, interdisciplinar e em constante transformação. Além disso, por seu caráter múltiplo e por ter como elementos centrais os conflitos, a disputa de poder e a construção de horizontes sociais, é impossível dizer que, em um contexto democrático, determinado sujeito ou instituição tem a palavra final ou a verdade definitiva sobre temas políticos. Na democracia, o enfrentamento e a diferença de opiniões fazem parte do jogo, e a opinião de uma maioria não pode se sobrepor aos direitos fundamentais das minorias.

Vale a pena destacar um princípio básico da democracia: o poder emerge do povo. Ou seja, a democracia — ao menos hoje em dia — é um regime político que parte do pressuposto de que todos os indivíduos são iguais perante as leis, e que casta, classe, família, corporação ou partido não são atributos para decidir os rumos da sociedade sem que haja um processo de escolha anterior que abranja a totalidade dos cidadãos, seja de forma direta, seja por meio de seus representantes eleitos. Como diz a Constituição brasileira:

Artigo 1º Todo o poder emana do povo, que o exerce por meio de representantes eleitos ou diretamente, nos termos desta Constituição. [...]

Artigo 3º Constituem objetivos fundamentais da República Federativa do Brasil:

I — construir uma sociedade livre, justa e solidária;

II — garantir o desenvolvimento nacional;

III — erradicar a pobreza e a marginalização e reduzir as desigualdades sociais e regionais;

IV — promover o bem de todos, sem preconceitos de origem, raça, sexo, cor, idade e quaisquer outras formas de discriminação.

Cidadania é um princípio crucial da política em sociedades democráticas: na clássica definição de Hannah Arendt, trata-se do direito a ter direitos. Tanto devido a sua experiência pessoal quanto por seus estudos fundamentais sobre as origens dos regimes totalitários, a filósofa — judia e alemã — sabia muito bem que a universalidade dos direitos humanos só tinha condições de ser garantida pela cidadania. Quer dizer, pelo pertencimento a uma comunidade política organizada na forma estatal, que faz de nós cidadãos do Estado. O oposto do cidadão é o apátrida, o indivíduo destituído de laços e garantias de cidadania e de proteção estatal.

Esse direito a ter direitos não corresponde a um universo já delimitado de garantias, e sim à necessidade de existir uma esfera pública em que a luta por novos direitos seja possível. Ou seja, para que exista cidadania é necessário que os cidadãos sejam ativos na cobrança e na fiscalização de seus direitos e se sintam responsáveis pelo destino coletivo da sociedade.

Grande parcela da responsabilidade sobre essas discussões acaba recaindo sobre os cidadãos, que precisam se localizar em terreno tão complicado que, não raro, parece distante da realidade. Trata-se de um desafio real, a que todos estamos expostos como cidadãos, eleitores e indivíduos conscientes, e um dever que não surge apenas no período eleitoral. Embora os pleitos sejam de extrema importância para definir os rumos do país, a política é um exercício permanente. Os cidadãos precisam acompanhar os debates nacionais e locais não só porque dizem respeito a suas vidas, mas porque existem mecanismos a que podemos recorrer para influenciar as decisões políticas. Essa participação ativa na vida coletiva é essencial para que as instituições, as práticas e uma cultura republicanas mantenham-se saudáveis e em atividade. E, quando se vive numa comunidade, o bem-estar do outro afeta nosso próprio bem-estar.

Por esse motivo, devemos estar atentos à prática de poder, cobrando, propondo e, quando insatisfeitos, buscando mudanças. A democracia brasileira atual, com seus aspectos positivos e negativos, resulta desse trabalho coletivo de cidadãos e de seus representantes. E, é muito importante lembrar, ela é bastante recente — mostrando-se mais exceção do que regra — e se assenta em uma história marcada por altos graus de violência, desigualdade, além de diversos períodos de autoritarismo.

Com a independência do Brasil, em 1822, fomos a única nação da América independente que manteve um regime monarquista por décadas, enquanto as outras estabeleceram regimes republicanos — ou, no caso do México e do Haiti, breves períodos monarquistas, seguidos de repúblicas. E, mais que isso, um regime monarquista em uma sociedade cuja principal característica social e econômica era a manutenção da escravidão de populações de origem africana — um arranjo social brutal, que deixou cicatrizes profundas em nossa sociedade. A abolição da escravidão, em 1888, e a proclamação da República, no ano seguinte, levariam à constituição de uma república profundamente caracterizada por práticas autoritárias, corrupção e desigualdade regional e sociorracial, além da manutenção de uma estrutura econômica que nos situava na periferia da economia mundial.

O governo de Getúlio Vargas, a partir de 1930, vai apenas começar a tocar nessa estrutura econômica e a incluir novos setores da sociedade nas dinâmicas políticas, mas isso em paralelo à construção de um regime autoritário durante o Estado Novo. A ele se seguiu um período democrático entre 1945 e 1964, marcado por avanços políticos e sociais, mas também por enorme instabilidade política que desemboca na ditadura militar de 1964, período de perseguição à oposição do regime, prisões políticas, exílio, tortura e milhares de mortes promovidas por representantes do Estado.

É sobre os escombros dessa história, mas também retomando legados de lutas por direitos, que a Nova República vai ser montada a partir de 1985, em especial com a promulgação da Constituição de 1988.

Dessa forma, nossa configuração democrática é fruto de muitas disputas políticas e da construção coletiva de gerações, sobretudo aquelas que enfrentaram a ditadura militar, se organizaram local e nacionalmente pela democratização e nas décadas seguintes exigiram canais junto aos representantes constituintes e aos deputados. Embora esses movimentos tenham conquistado uma série de avanços (estabelecimento de direitos básicos, combate à inflação, políticas de combate à desigualdade), ainda temos uma série de desafios e limitações que precisam ser superados (altos índices de desigualdade, violência, racismo corrupção, discriminação de gênero, entre outros), sendo imprescindível nossa atuação como cidadãos para continuar aperfeiçoando a democracia na qual queremos viver.

Levando em conta como funcionam os mecanismos de representação na democracia e as atribuições de cada uma das esferas de poder, uma medida prática e simples de participar da vida política além do voto é fazer pressão sobre os representantes eleitos, contatando e cobrando diretamente deputados e vereadores ou seus gabinetes. Como eu sempre digo: precisamos lembrar e cobrar. Para encontrá-los, procure informações nos perfis nas redes sociais do representante ou do partido e nas páginas oficiais da Câmara, Senado etc., que costumam indicar telefones e e-mails dos gabinetes. Outra forma de fazer isso é por meio de organização da sociedade civil (manifestações, atuação na internet, organização na escola, bairro ou local de trabalho etc.).

Apesar da descrença e do desânimo popular em relação à política, não faltam exemplos de que essas atitudes muitas vezes funcionam. Para ficar apenas em exemplos recentes, a criação da Lei da Ficha Limpa (2010), que pune políticos condenados por corrupção, partiu da organização da sociedade civil na primeira década dos anos 2000, em articulação com representantes no Congresso. Essa longa mobilização culminou, em 2009, na entrega ao Congresso de 1,6 milhão de assinaturas em defesa do projeto, cuja coleta foi coordenada pela OAB e CNBB, além de outros 2 milhões de assinaturas na internet. As grandes manifestações de rua em junho de 2013 fizeram que os governos de várias cidades e estados do país revogassem o aumento das passagens de ônibus e metrô. E aqui não vem ao caso se você concorda ou não com os resultados que são consequência da ação popular, o que importa é que você perceba o poder da organização.

Aliás, até mesmo muitas garantias constitucionais emergiram da pressão da sociedade civil organizada. O princípio da função social da propriedade, por exemplo, foi incluído na Constituição Federal de 1988 (art. 5º, inciso XXIII) graças ao trabalho político de movimentos sociais, urbanistas e juristas que se articulavam no período da Constituinte em torno de uma agenda de reforma urbana. Esse princípio regula o uso da terra na cidade e no campo, já que determina que a propriedade privada da terra deve obedecer não apenas aos interesses do proprietário, mas também da sociedade, respeitando a legislação e os planos diretores municipais.

Para que possamos entender como funciona a democracia, em particular a nossa, precisamos ter em mente alguns conceitos básicos. O primeiro deles é a ideia de Estado.

O QUE É O ESTADO?

"Estado" é uma das ideias fundamentais na política contemporânea. Não é simples traçar o histórico de sua formação, mas um momento-chave dessa linha do tempo foi a formação dos Estados modernos a partir do século XV na Europa. Nesse período, observou-se a centralização da autoridade política e militar em determinado território. Ou seja, se antes o poder estava espalhado por uma enorme quantidade de senhores locais, naquele momento passou a ser paulatinamente absorvido pelo rei, dando origem aos regimes chamados absolutistas.

Na interpretação do sociólogo e historiador Charles Tilly, essa centralização se deu lentamente desde a queda do Império Romano, com o crescimento de territórios desses senhores, os quais passaram a exigir exércitos mais numerosos para proteger essas terras e seus líderes de ameaças internas (como levantes de camponeses) e externas (por exemplo, incursões de exércitos de senhores feudais de territórios vizinhos). O senhor, por sua vez, precisava de exércitos maiores e de mais impostos para financiar sua segurança, e encontrava poucas restrições à sua autoridade. Muitos deles chegavam a pregar que seu poder tinha origem divina e, portanto, não poderia ser restringido por parlamentos, líderes locais ou códigos de lei.

Essa situação iria perdurar na Europa até a Revolução Inglesa do século XVII — quando se estabelece um primado do parlamento e uma monarquia constitucional — e as "revoluções burguesas" do século XVIII, como as Revoluções Francesa e a Americana. Esses episódios foram liderados por uma classe social emergente — a burguesia — e impulsionados pelas ideias conhecidas como iluministas.

O Iluminismo deu um novo lugar para a razão. Esse pensamento pregava que a história não deveria ser vista como a Providência, ou seja, como o desenrolar no tempo da vontade de Deus, e sim como algo que poderia ser conduzido de acordo com a racionalidade humana. Os iluministas queriam mudanças na vida social e viam o Estado como o instrumento por excelência para realizá-las mediante reformas. De modo geral, as ideias iluministas questionavam valores centrais da antiga ordem social, como o direito divino dos reis, a superioridade da aristocracia e a primazia dos dogmas da Igreja.

Essas ideias se espalharam como fogo entre grupos antiabsolutistas em vários lugares do mundo, inclusive na América Latina, onde ajudaram a insuflar movimentos de independência em fins do século XVIII e início do XIX — inclusive no Brasil, em especial durante a Inconfidência Mineira, entre outros movimentos independentistas.

Essas imensas rupturas disseminaram a ideia de que a humanidade poderia organizar de forma racional a sua vida política. Por mais que a Inglaterra tenha tido o desenvolvimento precoce de alguns desses aspectos desde o século XIII, é somente com essas grandes revoluções — a Francesa e a Americana — que vemos nascer as constituições modernas, as garantias do Estado de Direito, o voto em sua acepção moderna, as limitações aos poderes do Estado e a real tripartição de poderes.

É também em meio a essas revoluções que se forja a cultura política moderna, marcada pela existência de partidos políticos, eleições periódicas, comícios, associativismo político e de classe, passeatas, discursos feitos em ambientes públicos, jornais como espaços de debate e polêmica.

Esse conjunto de ideias e movimentos revolucionários foi determinante para estabelecer o moderno Estado de Direito em que o chefe do Executivo tem seu poder significativamente reduzido quando comparado ao Estado absolutista, sobretudo por meio da criação das constituições modernas, da elaboração dos direitos fundamentais dos cidadãos, e do estabelecimento dos parlamentos e de judiciários independentes.

É fundamental notar que, quando todas essas coisas — direitos, Constituição, garantias individuais, liberdade de imprensa, voto — nasceram, eram cheias de limitações. Um exemplo: o voto não nasceu universal. Para votar, era preciso ser homem e ter certa renda. Nos Estados onde havia escravidão, os escravizados não votavam e, na maioria deles, mesmo os libertos não tinham esse direito. Foi preciso que as pessoas ocupassem esse espaço limitado que a política do tempo oferecia e lutassem muito, tanto nos parlamentos quanto nas ruas, para que a democracia fosse alargada.

Pouco a pouco, e a muito custo, as conquistas vieram: maior liberdade de opinião e associação, ampliação do direito de voto para os homens, num primeiro momento, direito de voto para as mulheres, mais tarde. Dizer que houve evolução não significa, claro, que estejamos vivendo hoje o ideal. Reconhecer avanços não quer dizer que não precisamos mais avançar.

Em suma, o Estado e a ampla participação política em seus assuntos foram construídos quase ao mesmo tempo, em um processo complexo, cheio de idas e vindas. Como deu para perceber até aqui, não importa se é na época dessas revoluções ou mais recentemente, quando o Brasil saiu de seu longo regime militar, a ampliação das liberdades políticas ao longo da história foi conquistada... com participação na política!

PARA QUE SERVE O ESTADO?

O Estado tem muitas atribuições diferentes, tanto internas quanto externas. Entre as mais importantes estão: garantir a aplicação das leis e a segurança dos cidadãos; promover o bem coletivo e a liberdade individual, de acordo com os princípios constitucionais; imprimir moeda e atuar na regulação econômica; relacionar-se com outros Estados e organizações internacionais, definindo sua política externa (seja por meio de seu corpo diplomático, na diplomacia presidencial, ou em missões diplomáticas encabeçadas por representantes eleitos).

O Estado é uma entidade permanente que existe independentemente da forma de governo — democrática ou autoritária — e é composta de três elementos: território, povo e soberania. O território são os limites físicos e geográficos — terra, água e ar —, dentro dos quais o Estado exerce seu poder. Assim, em determinado território o Estado é responsável por aplicar as leis, manter a ordem e garantir os direitos dos cidadãos e dos estrangeiros que nele se encontrem, de acordo com as normas previstas. O povo é o conjunto dos indivíduos que o Estado unifica e sobre os quais exerce seu poder. A soberania, por sua vez, é uma moeda de duas faces. Sua face interna diz respeito ao poder que o Estado exerce na resolução de conflitos e exercício da ordem jurídica dentro de um território, enquanto a externa garante a autonomia do Estado em relação a outros Estados. Ou seja: um Estado não pode interferir nos assuntos internos de outro Estado soberano, invadindo com forças policiais ou forças armadas, realizando comércio sem pagar impostos etc.

Para alguns dos grandes pensadores da política, como o inglês Thomas Hobbes e o alemão Max Weber, a existência do Estado depende da centralização dos aparatos de violência em determinado território para garantir o exercício das funções desse mesmo Estado. Ele tem de ser a entidade que concentra o monopólio do uso legítimo da força por meio de forças armadas e da polícia. Só assim é possível manter a ordem interna e, nos Estados democráticos, garantir o respeito às leis.

Em seu livro *Leviatã*, de 1651, Hobbes argumenta que, para formar o Estado, os indivíduos renunciam a uma parte de sua liberdade em troca de segurança. Nessa formulação clássica, o Estado nasce de uma espécie de contrato social entre os indivíduos que reclamam de uma situação de caos e violência que resulta da ausência de uma autoridade centralizada — o que ele chama de "estado de natureza". A criação do Estado limita a capacidade do exercício da violência de cada cidadão, já que ele passa a ser o centro do poder, garantia da unidade política e de uma possível paz interna, mesmo que sob o peso dessas armas estatais. Já Weber, no século XX, apresenta esse modelo em sua influente conferência "Política como vocação", defendendo que o "Estado é uma comunidade humana que pretende, com êxito, o monopólio do uso legítimo da força física dentro de um determinado território".

Mas você pode imaginar que a centralização do poder também traz o risco de vários tipos de arbitrariedades e abusos. A legitimidade de uso da força precisa ser muito bem regulada para evitar que o Estado faça uso desse aparato de violência de forma ilegítima, perseguindo opositores dos governantes ou violando os direitos dos cidadãos ou de grupos sociais, raciais ou religiosos.

O uso arbitrário da violência pelo Estado é gravíssimo, como vemos tanto em Estados autoritários (ditaduras militares na América Latina dos anos 1960 e 1970, ou os regimes fascistas na Europa nos anos 1930 e 1940, por exemplo), como democráticos (EUA e Brasil do século XXI, por exemplo, países de tradição escravocrata, onde o abuso da violência policial é uma constante, sobretudo contra a população negra, e constitui peça-chave das discussões sobre racismo estrutural).

Por isso, ao longo do tempo os regimes democráticos viram a necessidade de criar regras constitucionais e legais para estipular quando e como é permitido fazer uso da força por meio dos aparatos armados do Estado. Por exemplo, um policial que utiliza sua arma durante uma abordagem está representando o aparato do Estado, por isso precisa obedecer a preceitos fundamentais pautados pelo respeito aos direitos humanos e pelo Estado de Direito. O problema da violência policial é de interesse público não apenas pelos danos que inflige a suas vítimas, mas porque constitui um exemplo de abuso do Estado contra os próprios cidadãos. Entenderam a gravidade? Além de ameaçar a vida e a integridade física de indivíduos e de grupos sociais, a violência policial não justificada atenta contra os princípios do próprio Estado.

E mesmo o uso da força contra outras nações também deve ser regulado. A maioria das constituições dos Estados democráticos exige que o Congresso aprove atos de agressão contra outros Estados e, de acordo com as atuais normas internacionais, esses atos só podem ocorrer em caso de legítima defesa ou com autorização do Conselho de Segurança da ONU.

Em resumo, o Estado é um corpo coletivo de poder político, composto por instituições, indivíduos e meios administrativos que têm legitimidade social para o exercício da força quando necessário (por meio das polícias, forças armadas etc.), para garantir a manutenção da ordem social, o cumprimento das leis e a soberania perante outras nações.

Vale dizer que um Estado tem de se legitimar ante seus cidadãos mesmo quando não é democrático. Dessa forma, legalidade não é o mesmo que legitimidade: enquanto o primeiro conceito diz respeito à manutenção da democracia e ao Estado de Direito, o segundo tem a ver com a aceitação geral (mesmo que vez ou outra questionada) de que o Estado existe e tem competências, responsabilidades e recursos. É por isso que, mesmo em Estados autoritários como a Coreia do Norte, o Estado precisa tentar se manter legítimo por meio de ideologias oficiais, símbolos, grandes eventos etc. Ou seja, precisa tentar, por meio desses instrumentos, manter a aceitação do seu mando, ainda que não sejam Estados não democráticos.

QUAL A DIFERENÇA ENTRE ESTADO E GOVERNO?

Embora exista uma confusão bastante comum entre os conceitos de Estado e de governo, os termos se referem a coisas distintas: o Estado é constituído por uma estrutura permanente — institucional (Constituição, leis, códigos, símbolos) ou material (edifícios, fronteiras, armas, instrumentos de gestão). O governo, por sua vez, refere-se aos indivíduos e às instituições que *temporariamente* administram o Estado, conduzindo a política e a gestão pública.

Há ainda uma segunda confusão: usamos a palavra "Estado" tanto no sentido de Estados nacionais (quase como sinônimo de "país", por exemplo Brasil), quanto no sentido de unidades de uma federação (como o "estado de Goiás"). Diferenciamos os dois grafando "Estado" no primeiro caso e "estado" no segundo.

Em uma democracia, os líderes eleitos têm de zelar pela manutenção e sustentação do Estado — vigiando fronteiras, mantendo a ordem, garantindo a estabilidade institucional e representando o país internacionalmente —, além de exercer funções de governo em tarefas como decidir políticas públicas, propor e sancionar leis, atuar perante os outros poderes e outras eventuais unidades da federação.

Outra diferenciação importante é que o Estado persiste para além dos governos, que mudam conforme o passar da história e, no caso de uma democracia, podem ou não se reeleger. O governo passa, o Estado não. Essa continuidade e aspiração à permanência do Estado é representada pelos símbolos nacionais, como a bandeira e o hino nacional — que dão senso de unidade à coletividade, ou seja, o povo que está sob um mesmo Estado.

Em geral, esse conjunto de práticas e instituições voltadas à manutenção da unidade estatal é conhecido por "razão de Estado". Em outras palavras, cabe aos Poderes constituídos zelar para que o Estado não se desfaça por conflitos internos ou externos, por uma crise econômica grave, pelo levante de grupos de cidadãos em revoltas que ponham em perigo a sua unidade (por exemplo, uma guerra civil separatista).

Em democracias, a razão de Estado deve ser sempre equilibrada pela manutenção do Estado de Direito, ou seja, o cuidado para que os cidadãos tenham a garantia do cumprimento das leis e do devido processo legal. Isso significa que, numa democracia, as ameaças ao Estado devem ser — apesar de nem sempre serem — enfrentadas de acordo com os princípios adequados: uso regulado da força, respeito aos direitos humanos e ao devido processo legal.

Num regime presidencialista como o do Brasil, o presidente concentra os títulos de chefe de Estado e chefe de governo. Em outros países, que podem ser repúblicas (como a França, com suas peculiaridades, Portugal ou a Itália) ou monarquias (como a Inglaterra ou a Espanha), essas funções são exercidas por indivíduos diferentes. No Reino Unido, por exemplo, a chefe de Estado é a rainha Elizabeth II. Desde que assumiu o trono em 1953 até o fim de 2020, o país havia contabilizado catorze primeiros-ministros, de Winston Churchill a Boris Johnson, ou seja, catorze diferentes chefes de governo.

BUROCRACIAS DO ESTADO SÓ ATRAPALHAM A NOSSA VIDA?

Para que o Estado consiga cumprir suas atribuições, é indispensável não só que ele conte com um corpo de funcionários — permanentes ou provisórios —, como possua regras bem estabelecidas a respeito do funcionamento das coisas. Esse conjunto de funcionários e regras de administração do aparato de Estado tem o nome de "burocracia estatal", ou seja, uma burocracia que atua na administração pública.

Costumamos ouvir a palavra "burocracia" em outra acepção, com uma carga muito negativa, para caracterizar qualquer complicação criada para dificultar processos que poderiam ser mais simples. Mesmo quando pensamos na burocracia estatal, é comum que as acepções se confundam resultando numa simplificação, como se toda regulação da administração do Estado fosse desnecessária ou exageradamente complicada, uma chatice que atrapalha demais a nossa vida. Às vezes, as críticas têm fundamento — uma regra imprescindível num passado não tecnológico pode realmente não fazer mais sentido hoje —, mas é impossível imaginar a vida pública em qualquer Estado sem algum tipo de organização burocrática.

Como qualquer grande organização, os Estados modernos exigem a execução de uma quantidade gigantesca de tarefas, o cumprimento de normas, pagamentos, processamento de dados, gestão de pessoas etc. Além disso, por responder a toda a sociedade e precisar prestar contas publicamente aos cidadãos, o Estado tem muito menos flexibilidade em diversos de seus procedimentos, se o comparamos, por exemplo, a uma empresa privada. Por isso, na imensa maioria dos casos, a gestão do Estado não responde à mesma lógica da gestão privada — há, inclusive, áreas de estudo e cursos de graduação e pós-graduação diferentes para cada uma dessas áreas (administração pública e administração de empresas, por exemplo).

Tente pensar em quantas pessoas, leis e procedimentos são necessários para que uma professora dê uma aula em uma escola pública: ela tem de ter sido selecionada em um concurso, que precisou obedecer a regras e padrões de qualidade; alguém deve controlar se ela cumpre suas obrigações, mas se também recebe seu salário todos os meses; alguém deve limpar e arrumar a sala de aula; o motorista do ônibus que transportou os alunos precisou passar por um processo seletivo em uma empresa habilitada para atuar no transporte público; o policial tem de zelar para que as ruas estejam seguras; o Estado realizou compras públicas de livros e materiais etc. Essas são só algumas dentre as muitas tarefas executadas pelo Estado cotidianamente no município, no estado ou na União.

Viram só como mesmo aquilo que parece ser muito simples pode ficar complicado? Na minha vida privada, posso dispor do meu próprio dinheiro contratando uma professora particular que cobra muito mais do que a média do mercado sem dar satisfação para ninguém, mas não funciona assim quando o Estado lida com o dinheiro dos contribuintes. E nem deveria.

Em termos teóricos, a definição de burocracia mais influente é a de Max Weber, que destaca algumas características fundamentais de uma burocracia ideal. Para ele, o funcionamento de uma burocracia precisa manter a impessoalidade: não deve beneficiar este ou aquele indivíduo por ser amigo ou parente, e a regra deve ser aplicada a todos. As relações de hierarquia e a remuneração devem ser preestabelecidas de acordo com a função de cada burocrata, e a contratação deve estar atrelada ao conhecimento técnico — por exemplo, por meio de concursos públicos. Weber também ressalta que deve haver uma distinção entre o funcionário e os instrumentos, materiais e edifícios utilizados na administração pública para assegurar a separação entre o público e o privado.

Mas é claro que nem sempre as burocracias no mundo real funcionam assim: sabemos que em muitos órgãos públicos existem funcionários com conhecimento técnico insuficiente, indicações inadequadas e até mesmo corrupção. Mas essa burocracia racional e impessoal proposta por Weber deveria prevenir o uso do cargo em benefício próprio ou de um grupo político ou social, além de garantir a maior eficácia possível dos procedimentos administrativos. Ao notarmos que a burocracia real se afasta daquilo que interpretamos como a burocracia ideal, a solução não precisa ser a rejeição da própria ideia de burocracia — o que acontece, muitas vezes, sem qualquer indicação de um novo modelo —, mas o seu aperfeiçoamento.

Há um ponto que merece destaque nessa definição de burocracia que acabamos de ver. Nos Estados modernos, é fundamental a separação entre os instrumentos do Estado e a pessoa do governante: governantes não podem ser donos dos edifícios, máquinas e instrumentos utilizados na administração pública; tampouco podem pagar funcionários do Estado do próprio bolso (por exemplo, contratar uma empresa de segurança privada no lugar de manter um exército do Estado). Quando não há uma separação entre o público e o privado, cria-se uma situação de "patrimonialismo", uma palavra usada com muita frequência no Brasil para descrever desvios éticos ou de funcionamento do Estado. Para evitar o patrimonialismo, o Estado não pode ser ocupado apenas por políticos, mas deve contar com uma estrutura administrativa composta por indivíduos — os funcionários públicos —, além de regras e equipamentos cujo objetivo é gerir o aparato de Estado, assessorar e auxiliar os governantes e atuar na formulação e execução de políticas públicas.

É importante que existam os burocratas de carreira, com conhecimento técnico e experiência acumulada no cargo e dedicação ao Estado (e não apenas ao governo, que é temporário, lembram?), bem como indivíduos de confiança indicados pelo presidente, prefeito, governador e ministros. Os cargos de confiança servem ainda para garantir o cumprimento do programa vitorioso nas eleições, o que é imprescindível para que uma democracia seja real. Também são centrais para sustentar as alianças políticas de que precisam os representantes eleitos. No Brasil, grande parte dos profissionais da administração pública, nos três níveis da federação, são concursados (policiais federais, professores de universidades federais, fiscais da Receita Federal, técnicos, membros de Ministério Público, agentes de saúde etc.), indivíduos que exercem funções em cargos comissionados a partir de indicação de governantes (ministros, secretários etc.), ou indivíduos de organizações privadas ou organizações da sociedade civil comissionadas pelo Estado (como motoristas de ônibus em cidades onde há concessão de serviço a empresas, funcionários terceirizados de limpeza urbana etc.).

No Brasil, dá para notar que o debate sobre o nosso funcionalismo público muitas vezes acontece de forma simplista. Na verdade, essa discussão é muito mais complexa e relevante do que pode parecer à primeira vista.

2.
O QUE É UMA REPÚBLICA FEDERATIVA?

FEDERAÇÕES E ESTADOS UNITÁRIOS: O QUE SÃO?

Quando pensamos no papel da política, do Estado e do governo em nossa vida, é comum não sabermos quem exatamente é responsável por um problema específico. Por exemplo, se a taxa de criminalidade sobe, a gente cobra do prefeito, do vereador, do governador ou do presidente? Inversamente, se a taxa de criminalidade cai, de quem é o mérito? Se tem um buraco no asfalto em uma rua, ou se a escola não tem livros ou carteiras suficientes para todos os alunos, de quem é a culpa? Para responder a essas questões, o primeiro passo é entender o que é um Estado federado (ou uma federação) e quais as atribuições dos diferentes níveis de governo.

Estados são arranjos de autoridade dentro de certo território, que existem para garantir a manutenção da ordem social, o cumprimento das leis e a soberania diante de outras nações. Embora existam diferentes maneiras de organizar essas estruturas, cada Estado, de uma forma ou de outra, tenta cumprir suas funções essenciais.

Essas disposições são resultado de processos políticos, legais, econômicos e institucionais que determinam como se dará a operação da autoridade em dado território e dependem de fatores sociais, geográficos e culturais bastante complexos. Mas, para entender essa diversidade de trajetórias políticas dos Estados modernos, os campos de estudo que lidam com a política (como a ciência política e a teoria do Estado) desenvolvem teorias e explicações detalhadas sobre alguns problemas comuns, como a forma do Estado (governo unitário ou federação), o regime político (democracia, autoritarismo e totalitarismo) e o sistema de governo (regime parlamentarista ou presidencialista, por exemplo).

A autoridade política assume configurações distintas em cada Estado, que podem concentrar mais poder nas instituições centrais ou então descentralizar, dividindo o poder com instituições regionais e locais. Quando um Estado é composto por unidades federativas (em muitos casos, cada uma delas é denominada estado, como no caso brasileiro), diz-se que ele é uma federação; do contrário, trata-se de um Estado unitário.

Em alguns casos, uma federação pode surgir da união de estados previamente existentes — como ocorreu com a Suíça ou os Estados Unidos imediatamente depois da independência. Em outros casos, como no brasileiro, as unidades da federação podem ter origens anteriores à independência desses Estados, e, assim, províncias ou unidades administrativas organizadas durante o período colonial podem ser incorporadas ao novo arranjo político do país independente, mesmo que com algumas alterações; ou ainda podem se organizar como federação depois da independência, de modo a garantir alguma autonomia local — como ocorreu com o México, em 1824. Boa parte dos países com os maiores territórios do mundo e os mais altos graus de diversidade interna — seja étnica, linguística ou política — está organizada na forma de federações, como Rússia, Índia, Brasil, Estados Unidos, México, Austrália, Argentina e Canadá.

Nos Estados unitários, em geral, apenas o Estado central tem autoridade política própria. É ele que detém a autoridade para comandar forças militares, criar e cobrar impostos e elaborar leis. Esses Estados podem delegar parte dessa autoridade aos governos locais, como municípios e províncias, para que eles também assumam um pedaço dessas responsabilidades — as quais, porém, sempre podem ser revogadas, porque a autoridade última é do Estado central. Ou seja: em Estados unitários, os governos municipais e regionais têm menos autonomia.

Já nos Estados federativos, diferentes níveis de governo (nacional, estadual ou municipal) têm autoridade sobre um mesmo território e a mesma população, e de forma autônoma. As unidades federativas podem governar não porque o Estado central lhes transfira autoridade, mas porque tal autoridade é definida pela Constituição. Nesses tipos de arranjo institucional, as unidades federativas costumam ter constituições ou leis próprias, podem criar impostos e implementar políticas públicas (de educação, saúde, habitação), desde que a Constituição Federal determine que é função delas.

O exemplo mais influente da organização federativa no mundo são os Estados Unidos da América, cujo nome já carrega a ideia da organização federativa desde sua independência em relação à Inglaterra, em 1776. Um dos receios dos "pais fundadores" dos Estados Unidos — como James Madison, Thomas Jefferson e Alexander Hamilton — era que, com a desvinculação de um Estado colonizador monárquico, as treze colônias que compunham o país seguissem o mesmo caminho e se tornassem independentes.

Tanto para combater o medo da "tirania de Washington" — ou seja, a formação de um Estado com poder altamente centralizado — como para evitar os riscos de uma completa ou quase completa independência dos estados na forma de uma confederação, eles propuseram a organização de um sistema federativo. Nesse sistema, as unidades que compõem a federação permanecem unidas na composição de um mesmo Estado, mas cada uma mantém um grau considerável de autonomia em várias áreas de atuação. Ou seja: em um sistema federativo, o poder é compartilhado entre o Estado nacional e os estados da federação, de acordo com o que é definido pela Constituição.

No caso norte-americano, esse modelo federativo acabou se tornando bastante descentralizado quando comparado a outras federações, como o Brasil ou o México. É por isso que muitas vezes, ao ler sobre a política nos Estados Unidos, ficamos sabendo que os estados podem ter legislações muito distintas quanto a uma série de políticas, como pena de morte, cobranças de impostos, consumo de drogas, entre muitas outras.

As federações ainda podem ter outra função extremamente importante: permitir que Estados com população muito diversificada garantam que as minorias étnicas, linguísticas, raciais ou religiosas criem espaços de representação e não sejam completamente dominadas pela maioria. É o caso do Canadá (Estado multicultural e onde se fala mais de uma língua) ou da Índia (país com imensa diversidade regional, linguística e religiosa).

No entanto, é evidente que essa maior autonomia dos estados também pode ser usada por grupos sociais poderosos para estabelecerem mecanismos de submissão política a minorias, como no caso da longa história política de muitos estados do Sul dos Estados Unidos. Naquela região, as elites brancas fizeram uso de sua relativa autonomia para manter políticas de segregação racial contra a população negra durante décadas. Em 1965, foi aprovado o "Voting Rights Act", que instituiu uma série de instrumentos de controle federal contra medidas dos estados sulistas que impediam ou obstruíam a participação política — em especial com relação ao direito ao voto — dos cidadãos negros do Sul. Ou seja, o governo central teve que intervir para impedir que a autonomia dos estados sulistas não servisse de escudo para abusos.

Esse exemplo do Sul dos Estados Unidos já sugere que federações e Estados unitários têm suas vantagens e desvantagens. De um lado, a descentralização do poder pode ter um caráter democrático e evitar uma tirania da maioria nacional ou de elites que se perpetuam no poder central. A existência de vários níveis de governo formulando e implementando políticas pode gerar mais inovações, novas ideias de como promover políticas públicas eficientes que depois podem ser adotadas por outros estados e municípios. Por outro lado, num sistema federativo é mais custoso e difícil fazer acordos políticos para promover grandes reformas em nível nacional, já que os estados e municípios podem ter agendas diferentes e disputar entre si. No Brasil, essas disputas federativas acontecem com frequência, por exemplo, para a construção de uma política tributária, já que os tipos e níveis de impostos afetam diretamente o orçamento de estados e municípios.

COMO FUNCIONA A FEDERAÇÃO BRASILEIRA?

Firmado a partir da Constituição de 1988, o pacto federativo brasileiro tem uma peculiaridade determinante, já que ele é formado por três níveis: o federal (chamado de União), o estadual e o municipal. Existe ainda um quarto ente federativo, que é o Distrito Federal, estabelecido em sua forma atual em 1958, quando da construção de Brasília no Planalto Central, por ocasião do governo Juscelino Kubitschek.

O Distrito Federal, uma das 27 unidades federativas que compõem a República, tem responsabilidades que muitas vezes se assemelham às dos estados: ele possui um governador e os eleitores votam para deputados federais, distritais e senadores; contudo, ele não é composto por municípios, sendo organizado em 33 regiões administrativas.

No Brasil, as antigas capitanias do período colonial e as províncias do período monárquico evoluíram lentamente para os estados que compõem a atual estrutura federativa. Durante o período colonial, as capitanias eram um modelo de administração que permitiu à Coroa portuguesa conceder o direito de administração desses territórios a donatários, que por sua vez podiam receber parte dos impostos arrecadados nesses locais. Em sua maioria, essas capitanias — com eventuais alterações em suas definições territoriais — foram transformadas em províncias em 1821, logo antes da independência e da Constituição do Império do Brasil. Esse novo Estado independente, contudo, ainda era unitário — ou seja, as províncias do Império ainda não eram entes de uma federação, mas atuavam apenas como unidades administrativas, já que a autoridade política era concentrada na Coroa brasileira.

O Estado brasileiro é uma federação desde a primeira Constituição do período republicano, que passou a vigorar em 1891, dois anos depois da proclamação da República (1889). Com essa Constituição, as províncias do Império se converteram nos estados da federação e o Brasil passou a se chamar Estados Unidos do Brasil, numa referência direta aos Estados Unidos da América — que também já haviam inspirado os Estados Unidos Mexicanos em 1824. Isso não quer dizer que o federalismo brasileiro tenha sempre mantido as mesmas características. Na verdade, regimes que funcionaram a partir de uma lógica mais centralista, como do Estado Novo, mantiveram caráter federativo, mas diminuíram significativamente as prerrogativas dos estados.

O nome Estados Unidos do Brasil vingou até a promulgação da Constituição de 1967, quando foi alterado para República Federativa do Brasil. O governo militar se empenhava em acenar com um suposto rompimento com o passado e procurava evitar que o nome do país se confundisse com o dos Estados Unidos da América. Independentemente do batismo oficial, essa breve história mostra que o princípio da organização federativa é crucial na história política brasileira.

Esse modelo de Estado federado e o nome do país — República Federativa do Brasil — foram mantidos pela atual Constituição de 1988. Vale a pena dar uma olhada nos artigos 1º e 18, que estabelecem esse modelo:

> Artigo 1º A República Federativa do Brasil, formada pela união indissolúvel dos Estados e Municípios e do Distrito Federal, constitui-se em Estado Democrático de Direito [...]
> Artigo 18 A organização político-administrativa da República Federativa do Brasil compreende a União, os Estados, o Distrito Federal e os Municípios, todos autônomos, nos termos desta Constituição.

QUAIS AS AUTORIDADES E ATRIBUIÇÕES DA UNIÃO, ESTADOS E MUNICÍPIOS?

Cada um desses três níveis tem suas fontes de financiamento (como, por exemplo, a arrecadação de tributos) e suas competências, cuja execução é de responsabilidade dos poderes Executivo, Legislativo e Judiciário. No Brasil, elegemos os representantes do Executivo e do Legislativo nos três níveis da federação: na União, as autoridades eleitas são o presidente da República (Executivo), os deputados federais e senadores (Legislativo); no nível estadual, são o governador (Executivo) e os deputados estaduais (Legislativo); no município, são o prefeito (Executivo) e os vereadores (Legislativo). O Judiciário tem uma organização diferente e não elegemos os seus integrantes. Falaremos disso mais adiante.

Há um conjunto enorme de atribuições que são de responsabilidade dessas esferas, como as políticas para cultura, educação, moradia, transportes e mobilidade, entre tantas outras. Vamos tomar como exemplo duas áreas importantes de atuação do governo — saúde e segurança pública — para entender melhor as responsabilidades de cada uma.

Na área da saúde, a União tem a obrigação de financiar o Sistema Único de Saúde (SUS) e formular políticas nacionais, mas não se responsabiliza por executá-las ou implementá-las diretamente. Os estados, por sua vez, devem coordenar as prioridades do SUS e definir suas estratégias e planos no âmbito estadual, além de se responsabilizar pelos atendimentos de casos mais complexos, com os hospitais de referência regionais ou as equipes de vigilância epidemiológica. E o município é o principal responsável pelo atendimento básico, principalmente por meio dos postos e unidades de saúde. Os três níveis da federação têm responsabilidades e atribuições e, caso funcionem em sintonia, eles se complementam e proporcionam uma política pública universal e eficiente.

O controle da pandemia de covid-19 é um bom exemplo para entender a função de cada uma dessas peças: a União tem por obrigação coordenar o sistema de saúde, planejar as grandes estratégias de enfrentamento, além de coordenar os esforços da área com outros setores estratégicos como segurança, pesquisa e transportes. Já os estados têm a responsabilidade de planejar as prioridades em seus territórios, auxiliar seus municípios na execução de políticas e atuar na implementação de infraestruturas de grande porte, como grandes hospitais, com os quais os municípios não podem arcar. Por fim, os municípios agem na ponta, atuando por meio de unidades e profissionais da área, e implementando medidas de isolamento social, em coordenação com os estados e a União.

As atribuições são distribuídas de forma bastante

distinta no caso da segurança pública. Nessa área, a União responde pela garantia da defesa nacional, e para isso tem a responsabilidade sobre as Forças Armadas (Exército, Marinha e Aeronáutica) e a Polícia Federal. Já os estados são os principais responsáveis pela política de segurança, ficando a cargo das polícias Civil, Militar e do Corpo de Bombeiros. Os municípios podem contar com uma guarda civil municipal, que se encarrega sobretudo da segurança patrimonial, além de auxiliar no planejamento da política de segurança no território.

Mas, como quase tudo na estrutura federativa brasileira, nem sempre as coisas funcionam de maneira harmônica, sem atritos ou vácuos. Embora, em tese, a responsabilidade principal pelo policiamento ostensivo e pelo trabalho de investigação fique a cargo das polícias militares e civis — que respondem, por sua vez, aos governadores dos estados —, a prática não é tão simples assim.

Desde o início dos anos 2000, tem havido um aumento perceptível da atuação do governo federal e dos municípios em ações de prevenção e combate ao crime, sobretudo diante de uma demanda maior da sociedade para que todos os entes da federação contribuam para mitigar o problema crescente da violência no Brasil. O impasse quanto ao financiamento das polícias também aparece com força nesse debate, já que, embora as polícias Civil e Militar estejam a cargo dos estados, faltam recursos públicos para formar, aparelhar e renovar seus agentes, responsáveis por fiscalizar vastos territórios, muitas vezes de difícil acesso e alta periculosidade.

Para resolver esse problema, foram pensadas alternativas de financiamento das forças policiais estaduais, como o Fundo Nacional de Segurança Pública, criado em 2001 e ligado ao Ministério da Justiça, que integra o governo federal. No entanto, o acesso ao fundo por parte dos estados esteve atrelado ao cumprimento de políticas e metas, o que de certa forma pode ser compreendido como interferência do governo federal na condução das políticas de segurança dos governadores.

Há ainda um caso bastante específico nessa área que costuma causar confusão a respeito das diferentes atribuições dos entes da federação: a intervenção federal nos estados. Ora, o art. 1º da Constituição Federal estabelece que o Brasil é uma federação composta por União, estados, municípios e o Distrito Federal, todos autônomos. A possibilidade de uma intervenção federal é justamente uma exceção à regra, regulamentada pelo art. 34, que permite que a União atue, em situações bastante específicas, sobre outro ente da federação, suspendendo temporariamente a autonomia deste.

Há algumas situações em que o presidente da República pode iniciar espontaneamente uma intervenção federal, por exemplo, com a justificativa de manter a integridade nacional, repelir uma invasão estrangeira ou de uma unidade da federação sobre outra ou, o que é muitas vezes polêmico, para solucionar um comprometimento da ordem pública.

No entanto, não basta o presidente querer intervir. A intervenção federal é formalizada por decreto presidencial, com prazo, amplitude e condições determinadas, e deve ser aprovada pelo Congresso Nacional. Exemplo bastante conhecido do uso desse dispositivo constitucional foi a intervenção federal no estado do Rio de Janeiro na área da segurança pública, entre 16 de fevereiro e 31 de dezembro de 2018, durante o governo de Michel Temer. Essa intervenção subordinou as forças policiais do estado sob o comando das Forças Armadas e do general Walter Braga Netto, que respondia diretamente ao presidente da República.

Mas atenção: não se deve confundir intervenção

federal com intervenção militar. Embora o termo tenha aparecido em diversas manifestações públicas e mesmo nas falas de representantes políticos, não há previsão constitucional para uma "intervenção militar".

Para ser clara: mesmo quando executada pelas Forças Armadas, a intervenção federal não é uma intervenção militar, já que se dá sob a autoridade do governo federal civil, nos termos definidos pela Constituição, dentro do Estado Democrático de Direito. Ou melhor, embora o executor de uma intervenção federal possa ser uma força militar (como foi o caso da intervenção no estado do Rio), essa força está completamente subordinada ao poder civil constitucional, composto pelo presidente — chefe do Poder Executivo e eleito pelo povo — e o Congresso Nacional — o Poder Legislativo também eleito de forma democrática.

Tudo é bem diferente da chamada "intervenção militar", na qual o exercício da força não depende da submissão ao poder democraticamente eleito, ou seja, não depende da submissão à vontade do povo. Pode, inclusive, ocorrer contra ela. Qualquer conclamação por uma intervenção militar é inconstitucional — um chamado a um golpe militar, aos moldes do que aconteceu no Brasil em 1964.

Por isso, tendo em mente essa divisão de tarefas, da próxima vez que você quiser saber mais ou reivindicar melhorias em alguma área de atuação dos governos, a primeira pesquisa a fazer é descobrir que nível da federação é responsável pela formulação e execução dessa política. Com essa informação em mãos, será muito mais fácil e eficiente pressionar as autoridades responsáveis.

QUAIS OS PRINCIPAIS PROBLEMAS DA FEDERAÇÃO BRASILEIRA?

Uma das desvantagens do modelo federativo é um possível desequilíbrio nessa divisão de atribuições entre os três níveis da federação, dando origem a disputas entre governadores, prefeitos e presidente que podem acarretar as crises do pacto federativo. Quem viveu o Brasil nos últimos anos sabe do que eu estou falando.

Nossa Constituição atribuiu grandes responsabilidades aos estados e municípios, porém o governo federal é quem mais arrecada impostos e consegue propor políticas estruturantes de maior impacto, como investimentos em infraestrutura e programas sociais como o Bolsa Família. O sistema tributário brasileiro e a distribuição de recursos entre as unidades são notoriamente complexos, mas, na prática, a conta dos estados e municípios não fecha. Ou seja, embora o Brasil seja uma federação, como a União detém grande parte do orçamento, também acumula grande parte do poder.

Tal mecanismo provoca um contínuo conflito — tanto entre os próprios estados como entre estados e municípios, e estados e União — para conseguir viabilizar políticas públicas, promover investimentos e manter a máquina pública em operação. Consequentemente, os governos estaduais e municipais com frequência dependem de recursos e programas federais, ou precisam contrair dívidas para arcar com suas responsabilidades. E, se dependem financeiramente do governo federal, perdem em autonomia.

Em termos mais técnicos, podemos dizer que a Nova República, que se inicia em 1985 e se consolida com a Constituição de 1988, é caracterizada por um federalismo altamente centrado na União. Contudo, esse problema é mais antigo: ao menos desde o período da ditadura militar houve uma concentração maior da arrecadação de impostos pelo governo central, o que fez com que os estados dependessem mais ainda de empréstimos no Brasil e no exterior. Tal situação se agravou desde a redemocratização em fins dos anos 1980, e essa dependência dos estados em relação ao financiamento da União é motivo constante de discussões sobre, por exemplo, os juros a serem cobrados sobre essa dívida e o prazo para o pagamento.

Para lidar com esse impasse, o governo federal e os estados firmaram um acordo de renegociação da dívida em 1997 (lei nº 9496/97) que expandiu para trinta anos o prazo de pagamento, além de diminuir os juros sobre a dívida. Em contrapartida, os estados se comprometeram a seguir um Programa de Ajuste Fiscal, com o objetivo de garantir o equilíbrio fiscal no longo prazo. Desde 1997, os termos dessa renegociação se alteraram algumas vezes, sempre como parte de disputas a respeito da forma e da operação do pacto federativo brasileiro.

Muitas vezes prefeitos ou governadores se articulam em consórcios para se posicionar frente à União com mais força política, como ocorre com o Consórcio Interestadual de Desenvolvimento Sustentável da Amazônia Legal, formado pelos estados Amazonas, Acre, Amapá, Maranhão, Mato Grosso, Pará, Rondônia, Roraima e Tocantins, com o objetivo de coordenar uma agenda de desenvolvimento sustentável para a região. Outro exemplo recente e importante é o Comitê Científico de Combate ao Coronavírus, um órgão do Consórcio do Nordeste, constituído pelos estados daquela região para formular políticas de combate à pandemia.

Contudo, ao longo dos últimos trinta anos, incentivado pelo governo federal houve paralelamente um processo de descentralização na execução de políticas públicas. Esse movimento é significativo, porque, em geral, os municípios estão mais familiarizados com os problemas dos cidadãos, acompanhando de perto suas demandas: onde são necessários novos postos de saúde, novas escolas infantis e creches etc. Quem sabe melhor é quem está na ponta, quem olha de perto.

Mas o Brasil não é exceção. Em maior ou menor grau, esse cabo de guerra entre centralização e descentralização caracteriza todos os Estados federativos, sendo apenas um dos muitos conflitos com os quais as sociedades têm de lidar para garantir sua estabilidade e aperfeiçoamento. É importante que tenha autonomia quem tem o olhar mais próximo da realidade das pessoas, mas demandas específicas precisam conviver com um projeto mais amplo de país.

Depois de ler este capítulo, tenho certeza de que

você já se convenceu do porquê de conscientizar seus familiares e amigos sobre a importância das eleições municipais e estaduais. Não são só as decisões do governo federal que impactam nosso dia a dia. Uma vida harmônica em sociedade depende de um bom funcionamento de todos os três níveis de governo — e, consequentemente, das eleições para cada um desses cargos.

3.
AUTORITARISMO E DEMOCRACIA: QUAIS AS DIFERENÇAS?

A "crise da democracia" é um dos assuntos do momento, ninguém duvida. A crise econômica mundial de 2008 despertou uma onda de protestos: em praças no Cairo, Madri ou Nova York, nas ruas do Brasil, da Grécia ou do Chile, milhões de cidadãos protestaram por mais democracia e participação cidadã. A esse período de euforia democrática seguiu-se uma série de processos conturbados: processos polêmicos de impeachment, eleições de líderes com retórica populista autoritária — como Donald Trump nos Estados Unidos, Jair Bolsonaro no Brasil e Viktor Orbán na Hungria —, a emergência de movimentos de extrema direita em vários contextos e a relevância cada vez maior das fake news nas dinâmicas políticas. A tudo isso se soma alta polarização política, falta de diálogo, incentivo ao uso da violência contra os adversários políticos, radicalização — enfim, a lista é longa e preocupante.

Diante desse panorama, estudiosos e cidadãos interessados em política afirmam que a democracia estaria enfraquecida em vários países, inclusive naqueles conhecidos pela suposta força de seus regimes democráticos (como os Estados Unidos).

Para entender se de fato vivemos uma crise — e qual sua dimensão —, é preciso destrinchar três conceitos fundamentais na política contemporânea: autoritarismo, totalitarismo e a própria democracia.

DEMOCRACIA: O QUE É E COMO SURGIU

Quando se fala em democracia, provavelmente a maioria das pessoas pensa em elementos institucionais e legais, como uma Constituição, as eleições, a presença de representantes do povo e a divisão de poderes. Outras podem se lembrar das demoradas e nem sempre animadoras negociações políticas, do jogo de influência e da pressão típica dos processos legislativos. Ainda há a imagem das ruas, dos protestos e da atuação organizada da sociedade para pressionar os governantes eleitos. Todos esses são elementos essenciais de nossas democracias contemporâneas, mas nem sempre foi assim.

Como o poder deve se organizar no governo de uma comunidade? Essa questão acompanha o pensamento ocidental há séculos, desde a Antiguidade. Platão, filósofo grego clássico, escreveu uma das mais antigas e influentes teorias das formas de governo. Em *A república*, ele define cinco tipos diferentes de regime: democracia (governo de muitos); oligarquia (governo de poucos, das elites); timocracia (governo de poucos indivíduos despreparados); tirania (governo de um indivíduo em seu benefício próprio) e aristocracia (governo pelos "melhores da sociedade").

Desde então, essa classificação foi objeto de estudo de inúmeros pensadores, mas, de modo geral, a maioria tenta se guiar pela diversidade dos modelos sobre como o poder é fundamentado e exercido. Trabalhos de autores influentes nos debates das últimas décadas, como o do cientista político Juan Linz, estabelecem que as formas típicas de governo são a democracia, o autoritarismo e o totalitarismo.

A esta altura, já deve ter ficado claro que boa parte de nosso vocabulário político é baseada na experiência das cidades-estados gregas, uma experiência lida e relida ao longo de séculos por teóricos ocidentais. Assim como "política", o termo "democracia" vem do grego e quer dizer "governo do povo". Ou seja, é um tipo de organização política e institucional fundada no princípio de que o poder emerge de seus cidadãos. Essa concepção remonta às experiências das cidades-estados da Grécia antiga, em especial Atenas. Era na ágora — a praça principal da pólis grega — que cidadãos tomavam as principais decisões políticas. Esse era o lugar fundamental da assembleia de cidadãos, onde se expressava a opinião pública e se debatiam e decidiam os principais temas da vida coletiva.

Muitos autores costumam diferenciar a "democracia dos antigos" da "democracia dos modernos". A democracia dos antigos, conhecida por democracia grega ou clássica, se refere a um modelo de organização política em que aqueles que são considerados cidadãos participam diretamente nas decisões dos temas públicos.

Essa "democracia grega" é bastante diferente da nossa concepção atual de democracia, ao menos por dois motivos: primeiro, tratava-se de uma democracia direta, ou seja, os cidadãos não elegiam representantes, mas expunham suas opiniões pessoalmente. Já a democracia moderna é quase sinônimo de democracia representativa, em que os cidadãos elegem seus representantes em eleições periódicas, ainda que a maioria das democracias contemporâneas disponha de mecanismos de democracia direta (plebiscitos, referendos e outras consultas populares). Em segundo lugar, as democracias representativas atuais ampliaram significativamente a definição de quem é considerado cidadão: na Grécia antiga, os cidadãos eram apenas os homens livres, adultos, nascidos nessas cidades-estados e com posses; mulheres, escravos, jovens e estrangeiros não contavam. Ou seja, a grande maioria da população não tinha voz.

Na verdade, a ideia de que cidadãos adultos, independentemente do gênero, nível de escolaridade e renda, devem ter os direitos políticos de eleger e, se quiserem, ser eleitos é bem mais recente. No Brasil, as mulheres só puderam votar a partir de 1932; nos EUA, até o final dos anos 1950, a população negra encontrava todo tipo de obstáculo legal e ilegal no exercício do direito ao voto; e, até hoje, em grande parte das democracias, indivíduos encarcerados têm seus direitos políticos severamente reduzidos.

Ao longo da história, a democracia foi se fortalecendo, sobretudo com uma série de movimentos importantes desde o final do século XVIII, como a independência dos EUA e dos Estados de colonização ibérica no continente americano; a Revolução Francesa (capital na introdução dos Direitos do Homem);

a Revolução Haitiana (comandada por ex-escravizados contra o domínio colonial francês); o processo de descolonização de nações africanas e asiáticas ao longo do século XX; em vários lugares do mundo, o movimento de trabalhadores que lutaram por direitos sociais; desde o século XIX, os movimentos de mulheres, centrais para a expansão da inclusão política e a defesa do sufrágio universal, ou seja, de que todos os adultos, independentemente de gênero, raça, religião, renda ou escolaridade, tenham direito ao voto.

A partir desse movimento de construção contínua, podemos chegar a algumas conclusões: primeiro, a democracia nunca está pronta e acabada, é indispensável que ela continue se aprimorando, levando em conta novas situações, novas demandas, novos problemas, novos conflitos. Uma democracia eficaz é aquela que permite sua própria reforma e sua adaptação, de acordo com procedimentos previamente definidos. E, como eu já disse, mas não custa lembrar: nós, cidadãos, somos responsáveis por esse processo de constante aperfeiçoamento e, quando necessário, de defesa da democracia.

A ideia de democracia, no sentido moderno, remete a algo muito além de "governo da maioria": na democracia, as maiorias não podem tiranizar as minorias (eleitorais, sociais, sexuais, regionais, religiosas, raciais etc.), que devem ter seus direitos fundamentais assegurados, mesmo quando não conseguem formar maiorias numéricas nas urnas. Por exemplo, em países com histórico de racismo, como o Brasil ou a África do Sul, é essencial haver leis e instituições que garantam a punição a atos racistas e à exclusão da população por motivos raciais. Em países em que vigoram outros sistemas de estratificação social historicamente estabelecidos, como as castas na Índia, é parte da construção de uma democracia sólida promover os direitos das castas baixas e dos *dalits* (os "intocáveis") e incluí-los nos processos políticos — movimento nem sempre simples, já que com frequência os grupos com maior poder tentam utilizar os mecanismos de formação de maioria eleitoral para submeter esses grupos a formas diversas de opressão.

Se olharmos para o panorama dos estados democráticos contemporâneos e para a longa e conflituosa história da constituição desses regimes, vamos observar que a democracia exige alguns elementos fundamentais. Primeiro, é indispensável que existam instituições democráticas: a separação e o equilíbrio de poderes (para que não se concentre em uma única pessoa ou instituição); as eleições periódicas e inclusivas (para impedir que um grupo social se perpetue no poder); a proteção à liberdade de expressão (para que possam expressar sua oposição aos atos e opiniões de indivíduos em posição de poder).

Um projeto democrático precisa incluir a cidadania, o direito a ter direitos: direitos civis (que protegem o cidadão contra a arbitrariedade e o abuso do poder); direitos políticos (direito de participar do processo eleitoral como eleitor ou candidato; de agremiações políticas; de consultas públicas, como plebiscitos e referendos), e direitos sociais (educação, saúde, assistência social etc.). Essas diferentes gerações de direitos surgem de lutas sociais e da disputa de ideias desenvolvidas por atores políticos, jurídicos e acadêmicos. Ou seja, elas resultam de pressões e conflitos típicos do jogo democrático e evoluem com o tempo, conforme os indivíduos e grupos sociais pressionam os representantes eleitos. Por exemplo, hoje se fala em outras gerações de direitos, como os direitos culturais, ao meio ambiente, à informação, entre outros, em geral em respostas às demandas sociais originadas na sociedade civil e canalizadas no Estado.

Por fim, existe uma terceira dimensão, muitas vezes negligenciada, que é uma cultura política democrática: menos materializada em leis ou instituições visíveis, mas tão importante quanto as outras, essa dimensão se refere a normas não escritas, padrões de comportamento, ideias que podem ser observadas na população em geral, mas também nas elites políticas, midiáticas, intelectuais. É a dimensão menos material da democracia e se relaciona às maneiras como, no cotidiano ou no funcionamento de instituições as mais diversas, os indivíduos conseguem resolver suas disputas de modo não violento, minimamente empático e inclusivo. Uma cultura política democrática exige o respeito à diferença de opinião, à aceitação da diversidade no interior da sociedade, a propensão ao diálogo e à resolução não violenta dos conflitos.

Assim, podemos dizer que práticas e discursos racistas, machistas, homofóbicos, propagadores da intolerância política e religiosa são ameaças constantes ao funcionamento da democracia, sobretudo quando eles se tornam a norma em uma sociedade e passam inclusive a ser estimulados por indivíduos em situação de poder. Ou seja, na democracia, palavras e gestos importam muito.

Por isso, quando nos perguntamos se nossa democracia está funcionando bem, precisamos observar se "as instituições estão funcionando" ou não. Por exemplo, temos de nos preocupar se as eleições estão ocorrendo de acordo com a lei, se a Justiça está exercendo seu papel em garantir o Estado Democrático de Direito, se não está havendo abuso de poderes e se não há perseguição contra forças políticas de oposição ao governo. Da mesma forma, temos de avaliar as duas outras dimensões: os direitos das minorias estão sendo restringidos sistematicamente? Tem havido extrema radicalização e grande presença de discursos de ódio na sociedade? Representantes eleitos têm promovido o uso da violência como instrumento político? A democracia não reside só nas instituições, mas igualmente em nossos direitos e em como vivemos a vida em sociedade.

Uma característica essencial ao funcionamento da democracia é o respeito ao Estado Democrático de Direito. Na verdade, as ideias de democracia e Estado Democrático de Direito andam tão lado a lado que às vezes são usadas como sinônimos. No entanto, o Estado Democrático de Direito assinala algumas características fundamentais da democracia. A primeira delas é a ideia da soberania popular, de que o poder emerge do povo, ou seja, é o povo que fundamenta a produção de leis, a organização do Estado e dos poderes constituídos, seja de forma direta (como nos plebiscitos), seja por meio de seus representantes eleitos (vereadores, prefeitos, deputados etc.). A segunda é que, nesse tipo de Estado, o cidadão (mesmo aqueles que estejam sendo investigados e julgados por algum tipo de crime) tem seus direitos fundamentais respeitados. Ou seja, o Estado zela para que os indivíduos não tenham sua vida, liberdade, dignidade e propriedade violadas, de acordo com o que estabelece a Constituição.

Para que isso aconteça, indivíduos ou grupos não podem, em hipótese alguma, se valer dos mecanismos da democracia (como a aprovação de leis) para perseguir, ameaçar ou tiranizar indivíduos ou grupos dessa sociedade. Portanto, é indispensável existir um Poder Judiciário livre e autônomo com relação ao poder político, social ou econômico, para que esse poder possa resolver de maneira legítima os conflitos que emergem entre indivíduos, entes da federação e organizações. Em síntese, o Estado Democrático de Direito se relaciona ao fundamento democrático de que existem regras e procedimentos que se aplicam a todos os cidadãos para garantir seus direitos fundamentais e protegê-los da opressão do Estado ou de outros cidadãos.

GOVERNOS NÃO DEMOCRÁTICOS SÃO SEMPRE IGUAIS?

Assim como os regimes democráticos, os regimes autoritários são muito diferentes entre si. O governo brasileiro que entre 1964 e 1985 esteve à frente da ditadura militar foi sem dúvida do tipo autoritário, e o mesmo se aplica ao regime nazista na Alemanha, nas décadas de 1930 e 1940, e aos regimes atuais em países como Coreia do Norte, Arábia Saudita e China.

Em todos esses casos, trata-se de regimes não democráticos, com perseguição e, com alguma frequência, mortes de pessoas ligadas à oposição; e todos apresentam algum tipo de ideologia oficial propagada pelo governo. Não obstante, esses regimes não são idênticos. O nazismo, por exemplo, penetrava de forma muito mais contundente na sociedade, na política, no Estado e na economia. Seu controle era praticamente total. Outros regimes, embora também autoritários, tinham e têm outro perfil de controle de suas sociedades.

Cada um à sua maneira, regimes autoritários fazem uso de coerção (uso ou ameaça do uso da violência) e persuasão (mecanismos de manipulação do pensamento e das crenças) como mecanismos de manutenção no poder de determinado grupo de indivíduos, em maior ou menor grau. Quanto mais amplo e intenso esse uso, mais autoritário é um regime. Podemos considerá-lo totalitário quando o emprego de violência para conter a oposição, proibir discordâncias e barrar a troca de poder é absoluto, e quando o Estado promove por todos os meios possíveis sua ideologia oficial, sufocando a emergência de movimentos, partidos ou opiniões discordantes. Como todos os conceitos nas ciências sociais, o emprego desses termos pode variar de autor para autor. Contudo, a maioria dos analistas concorda que o regime nazista é o caso mais avançado de totalitarismo no século xx; hoje, um dos exemplos mais próximos a esse extremo é o regime comunista da Coreia do Norte.

Um regime totalitário pode ser entendido como um aprofundamento das tendências de opressão social e política já presentes em regimes autoritários, chegando a penetrar nas dimensões mais profundas da vida da sociedade. O totalitarismo também se caracteriza pelo controle total da vida dos indivíduos que vivem sob ele. Como afirma Hannah Arendt em seu clássico *As origens do totalitarismo*, nesse tipo de regime o terror assume o lugar das normas legais e constitucionais, voltando-se sobretudo a suprimir qualquer tipo de oposição aos governantes. Não existe escapatória, já que o regime tenta influenciar todos os aspectos da vida (familiar, social, econômica...). Em regimes totalitários, as lideranças tentam reformar radicalmente os indivíduos, suas relações sociais e sua vida privada. Não por acaso, líderes como Adolf Hitler, na Alemanha, ou Josef Stálin, na União Soviética, assim como seus ideólogos, julgavam crucial criar "novos homens" para o novo regime: o homem ariano nazista, ou o homem soviético.

Já as ditaduras no Brasil (1964-85), no Chile (1973-90) e na Argentina (1976-83), por exemplo, podem ser consideradas regimes autoritários. Em todos eles houve o uso do aparelho estatal para perseguir, torturar e matar opositores, uma grande restrição ao exercício da oposição política e um contínuo esforço em disseminar a ideologia oficial do regime.

Em anos mais recentes, muitos analistas têm passado a chamar a ditadura "militar" de "civil-militar", uma vez que, além dos militares, vários indivíduos, empresas, grupos de mídia e organizações civis auxiliaram na promoção do golpe de 64 e apoiaram direta ou indiretamente o regime.

Esses regimes, no entanto, nunca conseguiram o controle total sobre suas sociedades, uma vez que suas estratégias de poder eram outras. A ditadura no

Brasil se esforçava para dar um verniz de institucionalidade ao regime: o Congresso chegou a ser fechado por determinados períodos, mas foi mantido aberto e sob controle durante grande parte do governo militar; os partidos políticos foram extintos, mas, em seu lugar, a ditadura criou dois partidos que seriam permitidos, incluindo até uma "oposição" oficial; ocorreram eleições, mas nunca livres e não em todos os lugares; o presidente mudava, mas nunca era escolhido pelo povo, sempre pelos próprios militares. Se em alguns países a estratégia era o totalitarismo, no Brasil de 1964 a 1985 a tática foi outra: nossos direitos e nossa democracia foram sucumbindo aos poucos, até que não existissem mais.

Um mesmo regime autoritário pode também experimentar fases de maior ou menor nível de autoritarismo ao longo do tempo: foi o caso da ditadura brasileira, com seu recrudescimento em fins dos anos 1960 e início dos anos 1970, sobretudo com a aprovação do Ato Institucional nº 5 (o famigerado AI-5, de 1968), que acarretou a perda de mandatos de parlamentares contrários aos militares, intervenções presidenciais nos municípios e estados e a suspensão de garantias constitucionais, bem como mais perseguição, tortura e assassinato de indivíduos considerados ameaçadores. Por isso que quem defende o AI -5 em manifestações nas ruas ou no Congresso Nacional, hoje em dia, com certeza não entendeu o que foi aquela medida. Sob o AI-5, esses protestos simplesmente não poderiam ocorrer.

Ao observarmos a história do século XX, vemos que regimes autoritários e totalitários podem ser associados seja a ideologias de direita (o nazismo), seja de esquerda (o stalinismo na União Soviética nos anos 1940 e 1950). Eles podem ter políticas econômicas de planejamento centralizado (como na China), ou mais liberais (como na ditadura de Pinochet no Chile). O que aproxima todos esses sistemas é o uso do aparato de Estado para concentrar o poder político nas mãos de certo grupo de indivíduos (nem sempre militares), não reconhecendo a possibilidade de discordância na sociedade e a competição política típica da democracia, o que causa a perseguição daqueles indivíduos, grupos sociais, raciais, sexuais etc. que esses governantes julgam inimigos.

O jogo político democrático é marcado pela disputa, mas os competidores são adversários, e não inimigos a serem eliminados física, política ou simbolicamente, como acontece em regimes autoritários.

Eleições e ditaduras não são incompatíveis: muitos ditadores se submetem ao pleito. Às vezes essas eleições são fraudadas, como ocorreu no Iraque em 2002, quando Saddam Hussein obteve supostos 100% dos votos num referendo em que os iraquianos teoricamente decidiram nas urnas sobre a continuidade de seu mandato. Podem também ocorrer eleições em países autoritários convocadas exclusivamente para eleger representantes locais ou do parlamento, como aconteceu durante a ditadura militar brasileira, mantendo-se a definição do chefe de Estado nas mãos da elite das forças armadas. Nesses casos, ainda há grande restrição à liberdade de associação política e à possibilidade da alternância de poder nas esferas centrais do país. E, vale sempre lembrar, mesmo um representante eleito pode se tornar um ditador. Hitler na Alemanha, nos anos 1930, serve de exemplo, uma vez que se elegeu pelas regras da democracia alemã daquela época, mas corrompeu as instituições que o levaram ao poder.

A DEMOCRACIA ESTÁ EM CRISE?

Mas a esta altura você deve estar se perguntando: e a atual crise da democracia? Ela estaria estimulando novos golpes de Estado e governos, como tivemos na América Latina nos anos 1970, ou mesmo nos regimes fascistas europeus nos anos 1930? A situação é bem mais complicada. Autores mais contemporâneos como Yascha Mounk, David Runciman e Steven Levitsky têm observado que a emergência do autoritarismo nos últimos anos não tem se dado principalmente por golpes de Estado clássicos, como vimos muitas vezes no século XX, mas por um processo lento de crise das instituições democráticas, ou seja, um enfraquecimento gradual do papel das supremas cortes, da Justiça eleitoral, a perseguição aos partidos de oposição e o controle dos meios de comunicação.

Em seu livro *Como a democracia chega ao fim*, Runciman aponta que a crise atual não acena para uma solução típica de "golpe de Estado" (militar ou civil-militar), mas para um longo processo em que as instituições democráticas e seus arranjos continuarão incapazes de dar respostas aos crescentes problemas das sociedades de capitalismo mais avançado, sobretudo as consequências nefastas da desigualdade, da segregação raivosa da opinião pública e as cada vez mais urgentes questões advindas da crise ambiental planetária. Para Runciman, as sociedades democráticas hoje são radicalmente diferentes daquelas dos anos 1930 ou mesmo dos anos 1970: quase em sua totalidade, são sociedades de maior renda média, com maior proporção de cidadãos idosos e menos jovens, com novas formas de organização política e social em nível da sociedade civil (ou seja, para além dos partidos tradicionais) e com uma significativa novidade histórica caracterizada, sobretudo, por outros modelos de comunicação, interação e formação de laços sociais.

A mais relevante contribuição para analisar esse caráter lento de degradação democrática é o livro *Como as democracias morrem*, de Daniel Ziblatt e Steven Levitsky. Esses cientistas políticos direcionam sua análise não apenas para a dimensão institucional da crise democrática, mas também para as regras não escritas do jogo político. Os autores comparam situações bastante diversas, como a da Hungria, dos Estados Unidos e da Venezuela, mas, em todos os casos, eles observam um lento processo de enfraquecimento das práticas estabelecidas de controle do sistema democrático por parte dessas elites do sistema político-partidário, sobretudo por representantes eleitos, juízes e lideranças partidárias.

Centrando-se nesses dois aspectos, Ziblatt e Levitsky esboçam uma espécie de roteiro típico das crises democráticas atuais: as elites partidárias se tornam incapazes de impedir a emergência de lideranças antiliberais (ou seja, que atuam continuamente contra os valores da liberdade de imprensa, de expressão, de organização política e contra uma agenda de proteção de direitos fundamentais) ou abertamente antidemocráticas (que perseguem opositores, abusam de sua autoridade na relação com outros poderes e atentam contra o processo eleitoral). Essas lideranças então podem se candidatar em eleições e, com retórica populista, conseguem eventualmente chegar ao poder; uma vez eleitas, elas passam a se voltar contra as regras do sistema democrático (alterando a legislação eleitoral, por exemplo, ou aumentando o número de ministros das supremas cortes, perseguindo e prendendo opositores, fechando partidos políticos e veículos de mídia de sua oposição etc.).

Dessa forma, por vias eleitorais, sem que haja necessariamente uma ruptura constitucional nos processos, novas elites autoritárias assomam ao poder e podem a partir daí desmontar o aparato institucional democrático. Exemplo desse lento rompimento da cultura política democrática é o que os autores denominam *constitutional hardball* (o jogo duro constitucional) — quando atores centrais no sistema político e representativo passam a usar regras constitucionais de exceção. Em 2016, por exemplo, representantes republicanos no Congresso impediram que Barack Obama nomeasse um juiz da Suprema Corte, como previa a lei norte-americana, deixando livre a vaga para que Donald Trump a preenchesse apenas depois de sua posse.

Esse caráter antiliberal da crise contemporânea ganha força no argumento de Yascha Mounk, em *O povo contra a democracia*. O autor enumera uma série de processos recentes que teriam desencadeado essa crise dos princípios liberais da democracia: a dinâmica de troca de informações trazida pelas redes sociais, a crescente desigualdade na maioria das sociedades avançadas e a emergência de diversas formas de política identitária antiliberal — por exemplo, os movimentos que defendem uma identidade nacional que rejeita novas populações de imigrantes, como se vê em muitos países europeus e nos Estados Unidos. Essas profundas transformações suscitam crises sociais e uma tensão política e cultural mais acentuada nessas sociedades, afetando por fim a legitimidade dos arranjos democráticos e, em muitos casos, os fundamentos institucionais desses regimes.

Esse tipo de processo pode ser ilustrado pela crescente polarização política na maioria das sociedades democráticas, que cada vez mais têm passado a se organizar em grandes bolhas políticas e discursivas, com dificuldades de formação de projetos políticos com legitimidade popular. É o que se tem observado no Brasil nos últimos anos, na organização dos debates políticos e eleitorais recentes ou na discussão sobre o processo de afastamento da presidente Dilma Rousseff em 2016, em que parte da opinião pública caracterizou como um "impeachment" constitucional e outra parte como um "golpe". Ou ainda, na Venezuela, a tensão contínua entre chavistas e antichavistas, que atravessa toda a sociedade e a quase totalidade das instituições políticas.

Em muitos desses casos, observa-se a emergência por vias eleitorais de líderes com retórica e práticas profundamente antidemocráticas e antiliberais — em geral caracterizados como populistas autoritários. Tal movimento tem ocorrido em vários países, como a Polônia, a Hungria, a Venezuela e, muitos argumentam, também o Brasil e os Estados Unidos. Esses líderes tendem a emergir em sociedades marcadamente divididas e com grande descrença em relação ao sistema político e às lideranças políticas tradicionais. Nesses contextos, líderes como Trump, nos

EUA, Recep Erdogan, na Turquia, e Jair Bolsonaro, no Brasil, apresentam-se como representantes do "verdadeiro povo" contra as elites corruptas e um sistema corrompido. Essa retórica, em todos esses casos, deu sustentação a medidas que propiciaram, em diferentes níveis, a erosão da democracia por dentro, como a indicação de uma maioria de juízes pró-governo na Suprema Corte ou uma perseguição a lideranças de oposição. Não por acaso, uma pesquisa recente do V-Dem Institute, da Universidade de Gotemburgo, na Suécia, indicou que os países que apresentaram o maior retrocesso democrático em 2020 foram a Polônia, a Hungria, a Turquia e o Brasil. Fazer parte dessa lista deveria, no mínimo, gerar uma imensa preocupação em todos nós.

Por isso, se queremos falar da crise de regimes democráticos no século XXI, é preciso olhar além dos golpes de Estado e observar atos de ataque ou desprezo contínuo contra as instituições democráticas e contra os hábitos fundamentais na sustentação da democracia: o diálogo e a capacidade de lidar com ideias diferentes.

4.
EXECUTIVO, LEGISLATIVO E JUDICIÁRIO: O QUE FAZ CADA UM DELES?

FREIOS E CONTRAPESOS: ENGRENAGENS CONTRA A TIRANIA

Imagine uma situação hipotética em que um Estado é governado por apenas um indivíduo, um ser todo-poderoso com todas as atribuições de governar: definir impostos, comandar as Forças Armadas, resolver disputas entre indivíduos, criar leis, executar políticas públicas, representar esse Estado perante outros Estados. Nesse país hipotético, pode-se até imaginar que essa pessoa detentora do poder tenha alguns consultores, ou mesmo um corpo de conselheiros ou auxiliares, mas as decisões finais são sempre dela. Num caso de poder absoluto como esse, o governante legislaria, executaria suas ações em conformidade ou não com essas leis e não se submeteria a nenhuma forma de controle externo, ou seja, ele próprio ficaria responsável por suas condutas caso houvesse alguma contestação por parte dos cidadãos.

Embora hoje sejam cada vez mais raras comunidades políticas governadas estritamente por tiranos, foi muito comum ao longo da história a hipercentralização do poder na mão de um único governante, de uma família, de um clã ou de um partido que detinha todas as competências do exercício do poder. Essa foi, inclusive, a realidade em parte dos países da Europa ocidental durante o absolutismo no século XVII. Por mais que fosse impossível concentrar todos os poderes, os monarcas desses reinos detinham praticamente todas as prerrogativas. A frase comumente atribuída ao rei Luís XIV, que governou a França entre 1643 e 1715, é a representação máxima do absolutismo francês: "O Estado sou eu".

O processo de criação de governos dotados de divisão de poderes foi lento e cheio de percalços, variando conforme a época, o lugar e o contexto histórico de cada território. Em 1215, durante o reinado do rei João da Inglaterra, a Coroa promulgou a Magna Carta, documento que estipulava que o rei não criaria novos impostos sem antes ouvir um conselho de nobres, além de garantir outros direitos que, em certa medida, estão na origem das constituições modernas.

Ao longo do tempo, em função de profundas alterações na realidade social e econômica na Inglaterra, esse grupo foi adquirindo poder e importância na política até se tornar o parlamento inglês, composto de uma Câmara Alta (*House of Lords*), com menos influência e formada por membros não eleitos como bispos e nobres, e uma Câmara Baixa (*House of Commons*), mais representativa e composta por membros do parlamento eleitos para mandatos de cinco anos.

Uma das lógicas fundamentais que conduziram a organização das democracias modernas foi o princípio da descentralização de poder. Desde a Antiguidade Clássica, vários pensadores já entendem que, quanto maiores a arbitrariedade e a concentração do poder político, maiores as chances de que ele se desvirtue, ou seja, de que ele seja usado para oprimir a população, promover a violência e beneficiar aqueles que estão mais próximos desse núcleo absoluto. Aristóteles, em seu livro *Política*, esboçou uma primeira versão da doutrina dos Três Poderes, argumentando que todos os bons governos deveriam ter um corpo deliberativo, um oficial e outro judicial.

Já no quadro do pensamento moderno, outro teórico que desenvolveu o tema da separação dos poderes foi o inglês John Locke, em seu *Segundo tra-*

tado sobre o governo civil, publicado em 1689 no contexto da Revolução Gloriosa, que marcou o fim do sistema absolutista inglês e a formação de uma monarquia constitucional. Nesse sistema, embora persista a figura de um monarca, seu poder não é irrestrito, mas regido por leis previstas na Constituição. Locke propõe a organização do Estado entre os poderes Legislativo, Executivo e Federativo. Ao primeiro, composto pelo parlamento, caberia a formulação das leis a partir do consentimento popular e, por isso, estaria acima dos demais; ao Executivo, a aplicação dessas leis, e ao Federativo, a condução das relações diplomáticas do Estado.

Essa separação tripartite do poder ganhou desenvolvimento teórico nas obras do iluminista francês Montesquieu, que em seu clássico *O espírito das leis*, de 1748, elabora a necessidade de uma separação entre os Três Poderes responsáveis pela administração dos assuntos do Estado: o Executivo, o Legislativo e o Judiciário. Cada um desses poderes, de acordo com o pensador, deveria ser autônomo com relação aos demais, e nenhum teria preponderância sobre os outros — situação que levaria esse Estado à tirania.

Nas palavras de Montesquieu, "todo homem que tem poder é tentado a abusar dele; vai até onde encontre limites". Por isso, ele defende que a boa "disposição das coisas" garante que "o poder freie o poder". A concentração de poder é inimiga da liberdade. Na prática, portanto, o Poder Executivo não pode intervir de modo arbitrário na composição de cortes e tribunais, ou descumprir sistematicamente as decisões das cortes supremas, porque isso seria uma interferência indevida no Poder Judiciário. Da mesma forma, um chefe do Poder Executivo em uma democracia não pode fechar parlamentos e passar a legislar como bem entender, porque isso seria uma interferência indevida no Poder Legislativo. O Poder Judiciário, por sua vez, só pode interferir nas matérias que são prerrogativas do chefe do Executivo, por exemplo, no caso de violação da Constituição Federal.

Essa é a ideia de um sistema de freios e contrapesos, no qual um poder pode fiscalizar e contrapor eventuais excessos de outro, criando um equilíbrio entre as instituições. No entanto, para que essas intervenções fortaleçam as instituições ao invés de enfraquecê-las, é preciso que sigam as regras constitucionais. A intervenção excessiva e indevida de um poder sobre os demais costuma acontecer com frequência em países autoritários, de modo que observar a dinâmica entre Executivo, Legislativo e Judiciário também pode funcionar como sinal de alerta de que um país enfrenta crises em seu sistema democrático. Conhecer a Constituição é fundamental para saber diferenciar o que é funcionamento correto do sistema e o que é essa interferência indevida.

Um exemplo recente de interferências autoritárias é o governo do primeiro-ministro Viktor Orbán, na Hungria, que desde 2010 tem se consolidado como um exemplo de ingerência do Poder Executivo sobre os demais. Após assumir o controle de grande parte do Legislativo por meio da aprovação de leis que favoreciam seu partido, o líder autocrata criou em 2018 uma espécie de poder judiciário paralelo, que lhe dá autoridade para nomear e promover juízes. Esse sistema é formado por cortes que devem julgar casos ligados a questões da administração pública, como eleições, liberdade de expressão e corrupção. Ou seja, não haveria, nesse contexto, qualquer controle externo e imparcial sobre decisões que envolvem possíveis ilegalidades cometidas pelo chefe do Executivo.

Embora hoje observemos essa dinâmica entre os Poderes com muito mais naturalidade — inclusive vendo com cautela quando há desequilíbrio entre as três esferas —, a teoria de Montesquieu foi considerada extremamente radical à época, justamente porque propunha uma alternativa à tradicional divisão do corpo político entre a Coroa (com poderes supremos), os nobres (com algum poder de pressão e papel de consulta ao soberano) e o povo, desprovido de acesso real ao processo de decisão política. Por esse motivo, o trabalho de Montesquieu foi uma das contribuições intelectuais mais importantes para a elaboração da Declaração dos Direitos do Homem quando da Revolução Francesa (em 1789) e da Constituição dos Estados Unidos (1787).

De fato, foi durante o longo e turbulento processo da Revolução Francesa que se formou grande parte dos conceitos que orientam os sistemas políticos atuais. A convergência entre uma profunda desigualdade social e o fortalecimento da burguesia em ascensão inspirada pelos ideais de liberdade e igualdade do Iluminismo impulsionou a derrocada da tradicional realeza francesa, personificada na figura de Luís XVI, e inspirou revoluções mundo afora. Esse processo implicou a redução dos privilégios da aristocracia e uma ampliação da participação política das camadas populares pela instauração de uma república. No transcorrer da revolução, consolidou-se a ideia de um Estado laico, ou seja, a separação entre o poder político e religioso, bem como a divisão de poderes proposta por Montesquieu, que seria replicada em repúblicas em todo o mundo. Estudar a Revolução Francesa é imprescindível para compreendermos as bases da política moderna.

No Brasil, a consolidação dos poderes como a que temos hoje resulta de um processo complexo que sofreu mudanças ao longo de nossa história política recente — e que não poderia ser mais peculiar. A divisão se iniciou ainda sob o império de d. Pedro I, com a Constituição de 1824, a primeira na história do país. Muito embora ela trouxesse a divisão entre Executivo, Legislativo e Judiciário, criava também a figura de um Poder Moderador, identificado com a figura do próprio imperador.

Na verdade, tratava-se da aplicação, no Brasil, das teorias de Benjamin Constant, pensador suíço radicado na França que viveu a experiência da Revolução Francesa e do regime napoleônico. A ideia era constituir um quarto poder que fosse responsável por evitar o embate entre os outros três. Nenhum outro país do mundo havia, até o momento, aderido àquela tese. Com isso, segundo a Constituição de 1824, o imperador era titular de dois poderes — o Executivo, que era exercido por seus ministros, e o Moderador, a cargo dele. Por meio dele, o monarca podia vetar leis, dissolver o parlamento, ainda que convocando imediatamente novas eleições, suspender magistrados etc. Esse poder só foi extinto em nossa segunda Constituição, promulgada em 1891, que estabelecia o Legislativo, o Executivo e o Judiciário como poderes harmônicos e independentes entre si.

Essa divisão se mantém na Constituição promulgada em 1934, já sob o governo de Getúlio Vargas, embora tenha inovado ao atribuir ao Senado Federal a "coordenação" entre os poderes, função muito similar ao Poder Moderador. Uma mudança mais profunda virá com a quarta Constituição brasileira. De clara inspiração autoritária, a "Polaca", apelido dado ao texto constitucional por sua inspiração no fascismo polonês, vigorou entre os anos de 1937 e 1946, durante o período autoritário da Era Vargas. Além de não prever expressamente a existência dos Três Poderes — pois apenas as suas atribuições são determinadas —, ela concentrava o poder no Executivo, atribuindo ao presidente diversas das funções do Legislativo e do Judiciário.

A tripartição de poderes será retomada com a queda de Vargas e a promulgação de uma nova Constituição em 1946. No entanto, com o golpe militar de 1964, inicia-se um novo período de concentração de poder na figura do Executivo, principalmente por meio do uso de decretos-lei, um instrumento legal que autoriza o Executivo a promulgar determinadas normas sem o aval do Legislativo. A ditadura militar fez uso dos atos institucionais, instrumentos legais que conferiam aos militares poderes não previstos na Constituição, como alterar regras eleitorais, cassar o mandato de representantes do Legislativo, extinguir partidos, suspender direitos políticos de cidadãos e aposentar compulsoriamente membros do Judiciário.

Será somente com a atual "Constituição Cidadã", promulgada em 1988 durante o período de redemocratização, que a separação de poderes será estabelecida como cláusula pétrea, ou seja, não pode ser modificada nem mesmo por propostas de emenda constitucional.

De todo modo, embora a figura do Poder Moderador tenha sido extinta pela Carta republicana de 1891 e a divisão entre os Três Poderes tenha se consolidado com a Constituição de 1988, o debate em torno da figura do Poder Moderador ainda persiste no Brasil, a exemplo do recente debate em torno da possibilidade de intervenção das Forças Armadas para solucionar desavenças entre os Três Poderes baseada numa interpretação equivocada do art. 142 da

Constituição. Antes disso, porém, é preciso entender o funcionamento e as atribuições atuais dos poderes Executivo, Legislativo e Judiciário.

O EXECUTIVO

No Brasil, adotamos o princípio da simetria entre os diversos entes da federação. Assim, União, estado e município têm uma divisão própria de poderes, com nomes e competências específicas, mas que guardam uma estrutura semelhante de divisão de forma a obedecer a esse princípio.

Diferentemente do que o nome possa dar a entender, o Poder Executivo acumula um conjunto importante de prerrogativas e responsabilidades para além de meramente "executar a lei". No caso da União, o presidente encabeça o Poder Executivo, acumulando as funções de chefe de governo e chefe de Estado. Ou seja: ele exerce, a um só tempo, as funções de representante do Poder Executivo, mas também de representante do Estado brasileiro perante os demais países.

As responsabilidades podem variar de país para país, mas em geral a chefia de Estado se refere às atribuições de relacionamento com Estados estrangeiros, como a celebração de tratados e convenções internacionais. Tomando o Brasil como exemplo, a função também envolve convocar e presidir o Conselho de Defesa Nacional; nomear, após aprovação pelo Senado, os ministros do Supremo Tribunal Federal e dos Tribunais Superiores, um terço dos ministros do Tribunal de Contas da União, os desembargadores dos Tribunais Regionais Federais, do Trabalho e Eleitorais, entre outras responsabilidades previstas no art. 84 da Constituição Federal.

Já em relação à chefia de governo, cabe ao presidente nomear e exonerar os ministros de Estado, sancionar, promulgar e fazer publicar as leis, além de expedir decretos e regulamentos, vetar projetos de lei, decretar o estado de defesa e o estado de sítio, decretar e executar intervenção federal, enviar ao Congresso Nacional o plano de governo na abertura da sessão legislativa, entre outras tantas funções previstas no mesmo artigo.

Há ainda algumas funções presidenciais que se relacionam à chefia da administração da União, como a prestação de contas anual ao Congresso Nacional, provimento e extinção dos cargos públicos federais e a nomeação do advogado-geral da União.

Em sua administração, o presidente é auxiliado

pelos ministros de Estado, nomeados por ele para orientar, coordenar e supervisionar os órgãos e entidades da administração federal em sua respectiva área de competência (por exemplo: o ministro da Economia, da Saúde, do Meio Ambiente etc.). Os ministros, por sua vez, orientam e conduzem a execução de leis, decretos e regulamentos, e, na prática, viabilizam grande parte dos projetos ligados à Presidência. O número de ministérios pode variar de acordo com o programa e as prioridades de cada governo, uma questão sempre muito debatida, já que um número maior de ministérios pode significar mais eficiência na realização de determinados programas, mas também maior custo de financiamento da máquina pública. Em qualquer discussão, precisamos pesar prós e contras e não adotar narrativas sem refletir sobre o assunto. Nem tudo se resolve extinguindo ministérios e, consequentemente, cortando despesas, mas o desperdício de dinheiro público é algo a ser combatido.

Já o representante do Poder Executivo no âmbito estadual no Brasil é o governador do estado. Os estados possuem constituições próprias, que, embora pouco conhecidas, lhes conferem certa autonomia para determinar as atribuições de seus governadores, resguardados, claro, os princípios gerais da Constituição Federal, como a divisão entre os poderes. De modo geral, as funções do governador se aproximam bastante daquelas exercidas pelo presidente, ou seja, ele exerce as relações jurídicas, políticas e administrativas em nome do estado.

O governador se dedica à articulação política com os demais entes federados (demais estados, União e municípios), visando sobretudo a obter recursos financeiros e investimentos federais. Ele conta com o apoio dos secretários de estado, figuras semelhantes às dos ministros, auxiliando-o na condução de sua administração em áreas como educação, justiça e desenvolvimento.

O governador também deve nomear e exonerar livremente os secretários de estado, dar início ao processo legislativo de leis estaduais, vetar ou sancionar leis propostas pelos deputados estaduais. À semelhança da Presidência da República, que tem a última palavra sobre as Forças Armadas, as polícias civis e militares são também subordinadas ao governador. Cabe ainda ao Poder Executivo estadual parte da administração penitenciária, do sistema de educação e saúde, além da infraestrutura como estradas e portos estaduais.

Por fim, em nível municipal, temos a figura do prefeito como chefe do Poder Executivo de cada cidade. Suas funções são atribuídas pela Lei Orgânica do Município, uma espécie de constituição municipal. O prefeito representa o município diante das demais autoridades; sanciona e promulga leis municipais e envia à Câmara de Vereadores projetos de lei, sobre os quais também tem poder de veto. Ainda cabe a ele organizar o planejamento para a administração municipal e nomear cargos para a gestão pública, entre eles os secretários municipais. Cada município tem o poder de criar e extinguir suas secretarias, de acordo com seus recursos e suas necessidades específicas.

Mais uma vez o Distrito Federal é uma exceção, por não se caracterizar nem como estado nem como município. Ele possui características e competências comuns a ambos, incluindo um governador e uma Câmara Legislativa com 24 deputados. Suas 33 regiões administrativas são lideradas por administradores regionais, figura próxima da de um prefeito, que são indicados pelo governador.

O LEGISLATIVO

A função do Poder Legislativo consiste em grande parte em legislar e fiscalizar, ou seja, debater, formular e aprovar projetos de lei, além de fiscalizar outros poderes por meio de audiências públicas ou comissões parlamentares de inquérito (cpis). Detentor dos mecanismos de controle do cumprimento dessas leis, o Legislativo também pode exercer funções atípicas, como quando vota a possibilidade de o chefe do Executivo (presidente, governador ou prefeito) ter cometido crime de responsabilidade, o que pode desembocar num processo de impeachment e na destituição de seu cargo.

No âmbito federal, o Legislativo é representado pela figura do Congresso Nacional, que por sua vez se divide em duas Casas: o Senado Federal, onde se reúnem os representantes dos estados e do Distrito Federal; e a Câmara dos Deputados, que representa o povo.

Entre as atribuições propriamente legislativas do Congresso, consta a elaboração de leis de competência da União, previstas no art. 48 da Constituição Federal, tais como leis sobre o sistema tributário brasileiro, telecomunicações, planos de desenvolvimento, diretrizes orçamentárias e orçamento anual.

O Senado Federal é composto por 81 senadores, já que cada estado e o Distrito Federal elegem três representantes para mandatos de oito anos. Todos os estados da federação têm, no Senado, o mesmo número de representantes. Isso é importante porque, na Câmara, a organização é diferente, como veremos a seguir. As eleições para o Senado são majoritárias (ou seja, é eleito o candidato mais votado) e ocorrem a cada quatro anos para escolher, alternadamente, um terço e dois terços dos senadores.

Já a Câmara dos Deputados é formada por 513 deputados. Cada deputado exerce um mandato de quatro anos — período conhecido como legislatura — e cada legislatura é composta por quatro sessões legislativas, de um ano cada. O número de deputados por estado é definido segundo um critério de representação proporcional à sua população. Assim, um estado como a Bahia, por exemplo, conta com 39 deputados, enquanto Santa Catarina, menos populoso que o estado da Bahia, conta com dezesseis.

De toda forma, nenhum estado pode ter mais de setenta e menos de oito deputados, o que dá ensejo a muitos debates sobre certa distorção na distribuição atual de cadeiras. São Paulo é o estado mais populoso da federação e, por isso, tem o máximo de deputados previsto no texto constitucional. Como o estado tem cerca de 44 milhões de habitantes, cada deputado representa aproximadamente 628 mil pessoas. Em

Roraima, estado menos populoso do Brasil, cada um dos oito deputados federais representa cerca de 78 mil pessoas, já que o estado tem população estimada em aproximadamente 631 mil pessoas.

A função legislativa do Congresso Nacional se dá por meio do processo legislativo, ou seja, do trâmite previsto pela Constituição para que determinada lei seja debatida, aprovada e comece a valer obrigando a todos. Esse processo se inicia com um projeto de lei que, em nível federal, se origina geralmente na Câmara dos Deputados, muito embora possa partir do Senado Federal. Uma vez iniciado, o projeto passa por um longo processo de debate nas duas Casas até que seja, por fim, aprovado.

Alguns projetos de lei, por tratarem de matérias menos complexas ou estruturais, exigem pela Constituição maioria simples para aprovação, ou seja, o quórum necessário para sua aprovação equivale ao voto de mais de 50% dos parlamentares (senadores ou deputados) presentes em plenário, ou seja, no momento da votação. No entanto, há projetos de lei mais complexos, que exigem uma maioria absoluta, definida pelo número de votos favoráveis maior que a metade da composição do colegiado, ou seja, do número total de deputados ou de senadores. Na Câmara, são necessários 257 deputados para formar essa maioria. Já no Senado, é preciso acumular 41 votos de senadores. As disposições sobre o processo legislativo estão na Constituição Federal. É o texto constitucional quem vai dizer quais são as etapas e os votos necessários para que determinado projeto vire lei ordinária, complementar ou emenda à Constituição.

As propostas de emenda constitucional (PECs) demandam um processo mais burocrático para aprovação, justamente por alterar o próprio texto da Constituição. As PECs só podem ser propostas por no mínimo um terço dos membros do Senado ou da Câmara, pelo presidente da República ou por mais da metade das assembleias legislativas estaduais, manifestando-se, cada uma delas, pela maioria relativa de seus membros.

A partir daí, a emenda necessita da aprovação de três quintos dos votos da Câmara de Deputados, ou seja, de 308 dos 513 votos, em dois turnos. A seguir, ela está apta a ser votada pelo Senado, onde precisará de aprovação do mesmo quórum de três quintos, ou seja, de 49 dos 81 votos, também em dois turnos. No primeiro turno, vota-se o "texto-base", uma espécie de proposta geral de alteração da norma. A seguir, votam-se os "destaques", ou seja, comentários mais detalhados sobre aspectos específicos do texto. A complexidade desse processo possibilita ampla participação dos parlamentares e uma discussão aprofundada da alteração, conferindo maior legitimidade ao processo legislativo.

Complicado, né? Não posso dizer que é fácil, são mesmo muitos detalhes, mas eles são necessários para que o processo seja transparente e assegure a participação democrática dos parlamentares — e, consequentemente, ainda que no plano ideal, dos cidadãos por eles representados. Quem quiser se aprofundar no tema pode acessar a parte relativa ao Processo Legislativo no texto da Constituição Federal, além de buscar o Regimento Interno da Câmara dos Deputados e do Senado no site das instituições.

Uma vez que a lei foi aprovada pelo Congresso, cabe ao presidente da República sancioná-la ou vetá-la. O veto é uma prerrogativa do presidente prevista na Constituição que determina a anulação de um projeto de lei por completo ou em parte. O presidente, em termos simples, pode dizer não à decisão do Congresso Nacional. Mas, uma vez vetado, o projeto é então reenviado para reapreciação do Congresso, que pode rejeitar o veto presidencial por meio de votação de maioria absoluta das duas Casas, em votações separadas. É isso o que aconteceu quando ouvimos que o Congresso "derrubou o veto". O presidente pode dizer não, mas o Congresso pode dizer não ao não do presidente. Caso o quórum não seja atingido, o "não" do presidente permanece. O dispositivo do veto foi pensado para haver um equilíbrio entre os poderes Executivo e Legislativo na aprovação das leis.

Após esse longo processo, a lei está pronta para ser promulgada, ou seja, passa a fazer formalmente parte do rol de normas brasileiras. Na sequência, ela é publicada, momento no qual é dado a todos os cidadãos o conhecimento — ao menos em tese — de sua existência, o que a torna obrigatória. Assim, a publicação funciona como um complemento da promulgação, e a data de sua publicação em geral marca o momento em que ela de fato entra em vigor.

Além da função propriamente legislativa, o Legislativo ainda acumula atribuições de fiscalização e controle dos aspectos gerais da gestão federal. Esse controle é exercido por meio de um conjunto de mecanismos, entre eles a instauração das CPIs, que servem para investigar fatos que sejam de relevância para a vida pública do país e geralmente apuram práticas de corrupção ou má conduta de agentes públicos. Para sua instauração, são necessários os votos de ao menos um terço dos membros do Senado ou da Câmara. A CPI tem a função de apurar uma situação — específica e delimitada — de má conduta, e deve durar no máximo 120 dias, prorrogáveis por mais sessenta dias. Ao final, a comissão apresenta um relatório conclusivo das investigações, que pode ser enviado ao Ministério Público, se for o caso, para a tomada de providências.

O Poder Legislativo também julga crimes de responsabilidade — o tipo de crime que pode resultar no impeachment — eventualmente cometidos pelo presidente da República, ministros de Estado, ministros do Supremo Tribunal Federal, membros do Conselho Nacional de Justiça e do Conselho Nacional do Ministério Público, além do procurador-geral da República e do advogado-geral da União. Como pudemos acompanhar em episódios como os processos de impeachment dos ex-presidentes Fernando Collor e Dilma Rousseff, essa função confere ao Congresso Nacional um poder bastante determinante no equilíbrio da dinâmica política do país.

Para que um presidente da República seja afastado por suspeita de crime de responsabilidade, são necessários dois terços dos deputados. Uma vez obtida essa votação na Câmara, o presidente deixa de exercer o cargo até que o Senado vote a favor ou contra o impedimento, que só pode ser aprovado por uma maioria qualificada de dois terços dos senadores, em sessão presidida pelo ministro presidente do Supremo Tribunal Federal (STF). O STF, aliás, já decidiu que o impeachment tem conteúdo político-jurídico e, portanto, cabe ao Judiciário se manifestar apenas em relação ao procedimento e não ao mérito. Quem decide, no final das contas, o que caracteriza crime de responsabilidade é o Congresso Nacional.

Há ainda as normas que não podem ser alteradas nem mesmo seguindo o rito das propostas de emendas constitucionais — as cláusulas pétreas ou "escritas em pedra" —, como a que garante a separação dos poderes. A Constituição veda qualquer proposta de alteração que busque, por exemplo, extinguir o direito ao voto direto e secreto, universal e periódico; a forma federativa; e direitos e garantias individuais. Assim garante a proteção de alguns preceitos e princípios fundamentais da Constituição, preservando a estrutura do Estado Democrático de Direito.

Seguindo o princípio da simetria, os estados e municípios se organizam de modo semelhante. Nos estados, o Poder Legislativo é exercido por meio das assembleias estaduais, compostas pelos deputados estaduais, enquanto nos municípios há as câmaras municipais e seus vereadores. Já no Distrito Federal, o Legislativo existe na figura da Câmara Legislativa. Nas três situações, o Legislativo funciona com apenas uma Câmara, diferentemente do Congresso Nacional.

O JUDICIÁRIO

A função do Poder Judiciário poderia ser resumida como o exercício legítimo da mediação de conflitos de interesses numa determinada sociedade a partir de um conjunto de regras e normas. Cabe ao Judiciário tomar decisões a respeito de casos concretos seguindo leis que se aplicam a todos os cidadãos. Esse controle vale inclusive para os atos do próprio Estado e seus representantes, o que exige que o Judiciário resguarde bastante autonomia em relação aos demais poderes da República.

Pensando nisso, a Constituição Federal garantiu uma série de direitos aos magistrados como a vitaliciedade, a inamovibilidade e a irredutibilidade de vencimentos. Ou seja: nenhum outro poder poderá impor aposentadorias forçadas (vitaliciedade), transferências de postos (inamovibilidade) ou redução de salários (irredutibilidade de vencimentos) para os membros do Judiciário. Isso para evitar pressões e influências políticas sobre as decisões dos juízes. Em contrapartida, são exigidas algumas condutas dos magistrados, como a proibição de exercício de outros cargos ou funções e a participação em atividades político-partidárias. Nas tomadas de decisão dos juízes, desembargadores e ministros, o Judiciário e a política não devem se misturar (o que não quer dizer que, indevidamente, isso não aconteça).

O Poder Judiciário, regulado pela Constituição em seus arts. 92 a 126, que determinam suas atribuições, composição e hierarquia, é constituído por diversos órgãos sob a tutela do STF, que por sua vez é composto por onze ministros indicados pelo presidente da República e por ele nomeados após aprovação pelo Senado. O Supremo é responsável pela palavra final sobre a constitucionalidade das leis, ou seja, cabe a ele decidir se as leis e suas formas de aplicação aos casos concretos seguem, em última instância, o texto da Constituição.

Dentre alguns julgamentos célebres e de maior repercussão na história do STF está o reconhecimento da possibilidade da união homoafetiva no Brasil em 2001. O julgamento se deu em 2011 em torno da interpretação do art. 1723 do Código Civil. O artigo estabelece a entidade familiar como "a união estável entre o homem e a mulher, configurada na convivência pública, contínua e duradoura e estabelecida com o objetivo de constituição de família". No entanto, o Supremo determinou que a interpretação do artigo não deve se dar de maneira restritiva, mas de modo a ampliar o reconhecimento do núcleo familiar entre pessoas do mesmo sexo como entidade familiar. A interpretação se baseia, dentre outras questões, na ideia de que o art. 3º, inciso IV, da própria Constituição veda qualquer discriminação em virtude de sexo, raça ou cor e que, nesse sentido, não seria possível admitir determinada interpretação de artigo do Código Civil que expressasse formas de discriminação com base na orientação sexual de qualquer cidadão.

Podemos citar também as decisões que consideraram constitucionais o sistema de reserva de vagas — cotas — com base em critério étnico-racial tanto para ingresso em universidades públicas (Ação de descumprimento de Preceito Fundamental nº 186) quanto para ingresso em cargos públicos (Ação Declaratória de Constitucionalidade nº 41). Outro exemplo é a decisão que declarou a constitucionalidade da resolução do Conselho Nacional de Justiça (CNJ) que proibia a nomeação de parentes dos membros do Poder Judiciário, estendendo a vedação ao Legislativo e ao Executivo (Súmula Vinculante nº 13).

Logo abaixo do STF está o Superior Tribunal de Justiça, o STJ, responsável por organizar uma interpretação uniforme à aplicação de leis infraconstitucionais, ou seja, aquelas que se encontram abaixo da Constituição Federal. O STJ é composto por 33 ministros nomeados pelo presidente da República a partir de lista tríplice elaborada pela própria Corte. Os ministros do STJ também têm de ser aprovados pelo Senado antes da nomeação pelo presidente do Brasil.

No nível da União, o Poder Judiciário conta com a Justiça Federal comum, incluindo os juizados especiais federais, e a Justiça Especializada, composta pela Justiça do Trabalho, a Justiça Eleitoral e a Justiça Militar. A Justiça Federal comum da União é composta pela primeira instância, dividida em varas ou seções judiciárias, onde são proferidas sentenças por apenas um juiz; e pela segunda instância, onde atuam desembargadores, que são responsáveis pela revisão dos casos julgados em primeira instância.

Os desembargadores atuam nos tribunais regionais federais, onde são proferidos acórdãos, nome dado às decisões colegiadas, ou seja, que envolvem um grupo de desembargadores. Há ainda os juizados especiais federais, dedicados a causas de menor complexidade.

Já no âmbito estadual, em cada um dos estados da federação e no Distrito Federal, a Justiça Estadual é composta pelos juízes de direito, que atuam na primeira instância, onde são proferidas sentenças por apenas um juiz e pela segunda instância, onde atuam, nos Tribunais de Justiça dos Estados, os desembargadores, que são responsáveis pela revisão dos casos julgados em primeira instância, além dos juizados especiais cíveis e criminais.

Os critérios para decidir se um caso vai ser julgado pela Justiça Estadual ou Federal estão previstos na Constituição Federal (art. 109). Cabe à Justiça Federal julgar crimes políticos e infrações penais praticadas contra bens, serviços ou interesses da União; processos que dizem respeito a Estado estrangeiro ou organismo internacional contra município ou pessoa domiciliada ou residente no Brasil, além de causas baseadas em tratado ou contrato da União com Estado estrangeiro ou organismo internacional e ações ligadas ao direito de povos indígenas. A competência da Justiça Federal comum para processar e julgar também pode ser suscitada em caso de grave violação de direitos humanos. A Justiça Estadual, por sua vez, deve processar e julgar qualquer causa que não esteja sujeita à competência de outro órgão jurisdicional (Justiça Federal comum, do Trabalho, Eleitoral e Militar).

Embora seja dotado de grande independência, o Poder Judiciário não possui autonomia para agir por iniciativa própria: a sociedade deve levar os conflitos ao Judiciário, ou seja, deve provocar o Poder Judiciário, que só então se manifesta. Esse princípio lhe garante maior imparcialidade, de modo que o magistrado mantenha a mesma distância das partes envolvidas em determinada disputa de interesses. Justamente por essa dinâmica, há um conjunto de outras instituições que são "funções essenciais à Justiça" como o Ministério Público, a Defensoria Pública e a advocacia.

O Ministério Público (MP) não pertence ao Poder Judiciário e pode ser considerado um órgão independente de fiscalização do poder público, não subordinado a nenhum outro poder. Suas funções incluem propor ações públicas civis e criminais e instaurar inquéritos, entre outras previstas no art. 129 da Constituição Federal. O membro do Ministério Público possui algumas das garantias dadas aos magistrados, como a autonomia e independência financeira perante os poderes, e garantias da vitaliciedade, inamovibilidade e irredutibilidade de sua remuneração.

A advocacia, por sua vez, tem um conjunto de direitos próprios ao exercício da profissão, previstos na Constituição e regidos pela Ordem dos Advogados do Brasil (OAB). Vale apontar que a advocacia privada não deve ser confundida com a advocacia pública, que é desempenhada pelas carreiras de procurador do Estado ou de advogado da União (na figura da Advocacia Geral da União) e atua na assessoria jurídica das pessoas políticas. A advocacia pública assessora juridicamente o Poder Executivo, enquanto a privada envolve a defesa jurídica de qualquer cidadão ou organização. Por fim, temos a Defensoria Pública, órgão que se dedica à assistência jurídica gratuita como forma de garantir acesso à Justiça àqueles com poucos recursos econômicos.

AS FORÇAS ARMADAS PODEM ATUAR COMO "PODER MODERADOR"?

A Constituição de 1988 buscou elaborar mecanismos que garantam autonomia a cada um dos poderes, mas ao mesmo tempo criou um conjunto de dispositivos de fiscalização que impedem a sobreposição e a interferência excessiva de um poder sobre os demais. Mesmo assim, o debate sobre o papel das Forças Armadas como um possível Poder Moderador no Brasil tem ganhado cada vez mais força, chegando a ser alvo de discussões no Supremo Tribunal Federal. Algumas poucas lideranças políticas e juristas defendem a tese de que em situações de impasse entre os poderes, em que há uma grave situação de conflito, as Forças Armadas poderiam entrar em cena para arbitrar uma solução, como se pairassem acima dos demais poderes. Segundo essa interpretação, esse papel de árbitro e moderador se exerceria por meio de uma "intervenção militar constitucional".

No decorrer de nossa história, conhecemos longos períodos de regimes antidemocráticos, alinhados, inclusive, a uma cultura do autoritarismo. Como em muitos deles as Forças Armadas tiveram papel determinante, em tempos de profunda instabilidade política não é incomum avistar cartazes em manifestações exigindo "intervenção militar constitucional". Mas, afinal, seria possível uma intervenção militar dentro dos termos da lei? Já vimos que não, mas vamos entender um pouco melhor.

Vamos recuar um pouco e analisar a participação ativa de setores das Forças Armadas no jogo político brasileiro. Antes de mais nada, lembremos que a República foi proclamada por um militar, o marechal Deodoro da Fonseca, que, dois anos depois, em 1891, protagoniza o golpe de 3 de novembro, determinando a dissolução do Congresso e declarando estado de sítio, com o cerco da Câmara e do Senado e a prisão de opositores.

Ainda no século XX, as forças militares protagonizaram uma série de episódios de instabilidade política. Em 1930, Getúlio Vargas se aliou a uma junta militar para depor Washington Luís, impedir a posse do presidente eleito Júlio Prestes e impor o fechamento do Congresso. Sete anos mais tarde, o mesmo Vargas orquestra, com amplo apoio do alto comando do Exército, o golpe do Estado Novo, que suspendeu a Constituição de 1934 e instaurou um regime autoritário no país, com o fechamento do Congresso e a perseguição, prisão e tortura de opositores até 1945. Vargas, por sua vez, também é deposto por integrantes da alta cúpula das Forças Armadas, que impuseram sua renúncia. O militar Eurico Gaspar Dutra é então eleito presidente em 1946. Há ainda o "golpe preventivo", liderado pelo general Henrique

Teixeira Lott em 1955 a fim de garantir a posse do presidente Juscelino Kubitschek, eleito nas eleições presidenciais daquele ano.

Menos de duas décadas depois, vivemos o golpe de 1964, que põe fim ao governo do presidente João Goulart — eleito originalmente vice de Jânio Quadros — e instaura um regime autoritário militar por mais de vinte anos. Será somente em 1979, com o início de um lento e gradual processo de abertura democrática, que serão retomadas as liberdades políticas no país.

É justamente nesse contexto de forte presença dos militares na política que foi formulado o dispositivo que hoje regula a atuação das Forças Armadas no Brasil, o art. 142 da Constituição Federal. À época, membros do Exército buscavam garantir protagonismo mesmo em plena redemocratização, buscando, por exemplo, gerir a segurança das eleições e de crises estaduais. (Esse tipo de atribuição, pouco comum em democracias, demonstra a influência que os militares exerciam também na Assembleia Constituinte.) A solução conciliatória veio do então senador pelo PMDB, Fernando Henrique Cardoso: um dos poderes teria de acionar as Forças Armadas, partindo do princípio de que elas não poderiam intervir de forma ativa, sem provocação institucional.

O artigo determina que Exército, Marinha e Aeronáutica respondem ao presidente da República, e atuam fundamentalmente na defesa da pátria diante de agressão estrangeira; na garantia dos poderes constitucionais e na garantia da lei e da ordem, ou seja, quando houver grave instabilidade institucional que afete a ordem pública e a paz social. No entanto, essa última hipótese só poderá ocorrer mediante a iniciativa de um dos poderes constitucionais, ou seja, do Executivo, do Legislativo ou do Judiciário.

Os argumentos dos poucos nomes que defendem de maneira equivocada a "intervenção militar constitucional" se apoiam justamente nesse poder que é concedido às Forças Armadas estabelecido pelo artigo. De início, a maioria dos especialistas alega que o artigo é vago. À época de sua elaboração, a pressão política dos militares ainda era considerável, e havia o temor, sobretudo entre partidos mais à esquerda, de que estabelecer a garantia da "ordem" sem especificar a que isso se referia poderia dar margem de interpretação por parte dos próprios militares, criando instabilidade entre as instituições.

No entanto, a promulgação posterior da lei complementar nº 97/99 ajudou a delinear a organização e as formas de emprego das Forças Armadas. Entre outras questões, a lei prevê com bastante clareza que a atuação das Forças Armadas, na garantia da lei e da ordem, se dará por iniciativa de quaisquer dos poderes constitucionais quando e somente se, em determinado momento, houver o esgotamento dos meios de manutenção da ordem formalmente reconhecidos pelo respectivo chefe do Poder Executivo federal ou estadual.

Um exemplo bastante claro dessa hipótese foi a atuação das Forças Armadas requisitada pelo governador da Bahia durante uma greve da Polícia Militar em 2012, que mobilizou quase um terço das forças policiais do estado às vésperas do Carnaval. Diante do acirramento das tensões, soldados da Força Nacional e do Exército foram convocados para garantir a segurança até que fossem retomadas as atividades normais das forças policiais, que reivindicavam melhores remuneração e condições de trabalho.

A Constituição não prevê a atuação das Forças Armadas na resolução de conflitos entre os diferentes poderes. A responsabilidade para julgá-los do ponto de vista jurídico fica a cargo do STF. Em conflitos de natureza política, os chefes de cada poder devem atuar com um espírito republicano e conciliador, respeitando o princípio de harmonia entre os poderes. Entender o contrário significaria entender que a Constituição autoriza que as Forças Armadas se sobreponham ao Estado Democrático de Direito, o que não é verdade.

No entanto, foi com base nesse dispositivo do art. 142 que, em situações como os protestos pelo impeachment de Dilma Rousseff em 2013 e 2015, houve quem fosse às ruas pedir pela inexistente "intervenção militar constitucional". Entre os juristas, é praticamente consenso que é impossível existir uma intervenção militar fora dos termos da lei nº 97/99 sem que haja verdadeira ruptura democrática ou uma saída autoritária que desrespeitaria o Estado Democrático de Direito, sobretudo porque atentaria contra a estrutura do equilíbrio e a harmonia entre os poderes. Desse modo, carece de qualquer fundamento jurídico a ideia de que o texto constitucional permitiria um papel moderador para as Forças Armadas.

5.
PARA QUE SERVEM OS PARTIDOS?

O QUE É REPRESENTAÇÃO POLÍTICA?

Uma das características fundamentais das democracias modernas, que as distingue do modelo clássico de democracia direta ateniense, é o caráter representativo delas. Ou seja, ainda que, em princípio, o poder emane do povo — base e legitimação dessa organização política e, portanto, dos indivíduos que ocupam posições no Estado —, na democracia, na maioria das vezes, ele é exercido por meio de seus representantes.

Mas o que e a quem exatamente os representantes eleitos representam? A primeira resposta — e a mais óbvia — é que essas pessoas representam o povo, de modo geral, como consta da maioria das constituições democráticas. Ao mesmo tempo, os representantes têm uma ligação particular com seus eleitores, que os ajudaram a se eleger. De forma mais ampla, falam em nome dos cidadãos do distrito no qual foram eleitos — por exemplo, um deputado federal pelo Rio de Janeiro representa a população daquele estado.

Contudo, na maioria dos sistemas eleitorais, o voto em determinada figura pode ajudar a eleger outro indivíduo de seu partido ou de sua coligação eleitoral que, em tese, tem ideias e programas de governo semelhantes aos de seu colega. Por isso, em certa medida os representantes deveriam compartilhar ideias, princípios, valores ou interesses. Como é impossível que os candidatos apresentem e discutam com os eleitores todas as questões relevantes em uma sociedade durante o período eleitoral, os partidos serviriam para que os eleitores pudessem escolher, pela legenda, representantes de partidos que estejam alinhados a suas convicções políticas e ideológicas para que eles adotem posturas condizentes ao discutir determinados assuntos, alguns dos quais imprevisíveis no momento da eleição.

Essa não é a realidade brasileira, não foi à toa que usei o "deveriam" no parágrafo anterior quando menciono o compartilhamento de ideias. Muitos partidos ainda se apresentam como currais de poder dos seus fundadores e não mostram posições claras que possam servir de parâmetro ao eleitor, apenas se adaptam às circunstâncias eleitorais. Precisamos, entretanto, entender qual a justificativa para a existência dos partidos para, depois, a partir da constatação das falhas no modelo proposto, pensar em alternativas.

Tomemos mais uma vez como exemplo o enfrentamento da pandemia de coronavírus de 2020, tema que obviamente estava fora de questão no momento das eleições em 2018, mas que teve que ser tratado por representantes eleitos no Executivo e no Legislativo assim que o problema apareceu. Ou então nas discussões sobre privatização de empresas públicas: mesmo que nenhum processo polêmico de privatização esteja em pauta no momento de uma eleição presidencial, os eleitores podem considerar relevante saber se os candidatos têm uma visão simpática ou se têm reservas quanto a esse programa quando forem decidir seu voto.

Por fim, algumas pessoas podem votar em seus candidatos porque se sentem identificadas com eles, compartilhando o mesmo gênero, origem, raça, religião, ou por eles terem uma personalidade ou um estilo que elas admiram. Pense em como vem sendo usada a expressão "tal pessoa me representa" — é dessa dimensão que se trata aqui, quando ela afeta a escolha de um candidato.

Então, em resumo, podemos pensar que as figuras eleitas representam — ao menos em tese e como ideal — ao mesmo tempo o povo; seus eleitores; seu distrito eleitoral; ideias e princípios; grupos sociais com identidades específicas. São muitas camadas, cada uma com suas complexidades. Por exemplo: e se o candidato eleito passa a professar ideias diferentes daquelas que tinha durante as eleições? E se eles mudarem de partido no meio do mandato?

Tudo isso apresenta um desafio importante para a democracia: como organizar esse exercício de representação e de comunicação com os cidadãos ao longo do tempo? A resposta característica das sociedades democráticas modernas foi a criação de partidos políticos.

O QUE SÃO PARTIDOS POLÍTICOS?

Organizações que disputam e ocupam o poder político, os partidos surgiram na Inglaterra e nos Estados Unidos entre o final do século XVIII e o início do XIX, tendo se popularizado ao redor do mundo ao longo dos séculos xix e xx. Eles foram criados para desempenhar quatro funções básicas.

A primeira é organizar a complexidade do debate social e político relevante. Uma infinidade de discussões que são de interesse público acontece simultaneamente, várias delas de enorme complexidade: como priorizar este ou aquele gasto do governo? Vale a pena criar um novo imposto? Uma reforma tributária ou da Previdência deve ser guiada por quais princípios? Nenhum cidadão, por mais informado que seja, consegue ter uma visão profunda e detalhada de cada uma dessas questões, além de propostas ou ideias que guiem a formulação de políticas públicas. Os partidos, ao menos na teoria, têm por função organizar e simplificar essas pautas em programas partidários minimamente coerentes (ainda que possam sofrer mudanças ao longo do tempo e ser alvo de disputas internas), que oferecem princípios e diretrizes gerais, condizentes com as bandeiras que defendem, e que podem orientar o posicionamento de seus membros e simpatizantes. Isso nos ajudaria a entender os valores de cada grupo político e por que uma legenda mais à esquerda do espectro político tende a ter determinados posicionamentos, enquanto uma mais à direita tende a ter outros.

Em segundo lugar, partidos atuam para selecionar e congregar indivíduos visando a integrá-los a seus quadros, a fim de que eventualmente possam se lançar em disputas eleitorais. Essa é uma função de extrema importância, já que em muitas áreas da vida de uma sociedade podem surgir pessoas interessadas em política e que ambicionem uma carreira política... As legendas costumam tanto acolher parte desse público, como ir atrás de gente com perfil de liderança ou de nomes conhecidos para fazer parte de seus quadros.

Na prática, os partidos podem recrutar novos quadros de muitas maneiras. Eles podem, por exemplo, congregar lideranças vindas de sindicatos, empresas, universidades, jornais, movimentos sociais etc. por considerar que essas pessoas estão alinhadas às ideias centrais da legenda e têm um perfil adequado para atuar como representantes. Mas também existe a estratégia de convidar famosos e personalidades públicas, que, muitas vezes, podem ajudar a eleger outros membros do partido. Esse fenômeno é conhecido como efeito puxador de voto, e às vezes como "efeito Tiririca", em referência ao deputado federal Tiririca, eleito em 2010 com 1 348 295 de votos em São Paulo, muitos deles votos de protesto — aliás um fenômeno bastante comum na política, não só no Brasil — que elegeram mais três deputados de sua coligação.

Os partidos disputam eleições, com todo o trabalho burocrático, comunicacional, financeiro, jurídico e político que o pleito envolve. É preciso selecionar candidatos, estabelecer prioridades de financiamentos de campanha, coordenar a produção da propaganda eleitoral, atuar na Justiça contra ataques e manobras ilegais de outros partidos, enfim, uma quantidade imensa de tarefas durante o processo eleitoral. Dependendo das regras de financiamento, os partidos atuam no levantamento de recursos para as campanhas. Caso o financiamento seja público, por meio dos fundos partidário e eleitoral, as lideranças decidem como essa verba será distribuída entre os candidatos.

Por fim, os partidos atuam junto aos representantes eleitos. Essa atuação se dá de muitas formas, seja pressionando para que eles votem de acordo com as ideias do partido, seja para que os representantes indiquem pessoas do partido para cargos de confiança.

Para que as engrenagens dos partidos políticos funcionem, é necessária a atuação tanto dos indivíduos de perfil mais político como daqueles que atuam nos bastidores, e que em geral não concorrem a cargos eleitorais.

Em sua conferência "Política como vocação", Max Weber chamou a atenção para esse caráter duplo dos partidos: eles são ao mesmo tempo "máquinas políticas", ou seja, organizações burocráticas complexas envolvidas no jogo político; e o espaço em que podem emergir visões, ideias, princípios formulados ou organizados por líderes partidários. Isso exemplifica bem a ideia weberiana que influenciou o século XX: os políticos têm de equilibrar uma ética da convicção (defesa de valores e ideias a respeito de como a sociedade deve se organizar, o que constitui o bem coletivo etc.) e uma ética da responsabilidade (postura pragmática, capacidade organizacional, disposição para reconhecer os limites apresentados pela conjuntura etc.).

É evidente que isso varia de país para país e de acordo com o contexto histórico. Uma prática bastante comum em todo o mundo, e que se manifesta com muita clareza no Brasil, é o uso das legendas como plataformas políticas e eleitorais sem qualquer coerência ideológica, em benefício de lideranças fisiológicas, ou seja, indivíduos que se aproveitam da estrutura partidária e do sistema democrático em benefício próprio, a fim de acumular cada vez mais poder, e que em muitos casos utilizam o Estado para enriquecer a si mesmos ou a pessoas próximas.

COMO FUNCIONA O SISTEMA PARTIDÁRIO BRASILEIRO?

Analisar quais e quantos são os partidos atuantes em determinado país nos ajuda a compreender suas dinâmicas políticas. No Brasil, vigora um sistema multipartidário que prevê a existência de várias legendas. Existem países com sistema bipartidário, ou seja, dois partidos historicamente dominam o cenário, como ocorre nos EUA, onde republicanos e democratas polarizam a disputa política, não obstante haja siglas de menor expressão eleitoral.

Alguns critérios legais devem ser respeitados para que se aprove a criação de um partido que cumpra minimamente seus objetivos. De modo geral, ele precisa provar que tem certa presença na sociedade e capilaridade regional, além de representar um conjunto significativo de indivíduos e de ideias, mesmo que minoritárias.

Em muitos países, são comuns partidos muito pequenos — como o Partido Socialista dos Trabalhadores Unificado (PSTU) e o Partido da Causa Operária (PCO) no Brasil, os "nanicos" — que representam ideologias minoritárias; muitas vezes eles nem chegam a conquistar assentos nas casas representativas, mas têm o direito de existir por representarem efetivamente determinado grupo de indivíduos e de ideias.

Há quem diga que, no Brasil, é relativamente fácil criar um partido político. Devo dizer, entretanto, que muitos políticos experientes não conseguiram viabilizar a criação de seus partidos no tempo em que desejavam. Marina Silva, em 2014, ou Bolsonaro, em 2019, são exemplos disso. O site do Senado Federal indica como proceder:

> O primeiro passo para se criar um partido é obter a assinatura de 101 fundadores, distribuídos em pelo menos nove estados. Em seguida, deve-se registrar a legenda no Tribunal Superior Eleitoral (TSE). Esse registro é provisório e se concretiza com o apoio formal da quantidade de eleitores correspondente a 0,5% dos votos dados na última eleição a toda a Câmara dos Deputados, sem os brancos e os nulos. São necessários em torno de 430 mil eleitores para o registro. Cumpridas ainda outras formalidades, o partido pode participar de eleições, receber dinheiro do fundo partidário e ocupar o horário político no rádio e na TV.

Como visto anteriormente, cumpridas as formalidades exigidas, o novo partido passa a ter acesso imediato ao fundo partidário (recursos públicos destinados à manutenção dos partidos) e a tempo de rádio e TV.

O Brasil observou um crescimento considerável no número de partidos políticos desde o processo de redemocratização nos anos 1980 (a possibilidade cria a oportunidade). Em grande medida, esse cenário é positivo, sobretudo se comparado à época da ditadura civil-militar, quando apenas duas legendas eram permitidas: Arena (partido do regime) e MDB (partido da oposição). Nesse contexto, a mera existência de uma sigla de oposição não fazia do regime uma democracia. Em 1979, acompanhando as medidas de abertura do regime ditatorial, o governo liberou a criação de novas siglas. Inicialmente, foram criados seis partidos: PDS (Partido Democrático Social), sucessor da Arena; PMDB (Partido do Movimento Democrático Brasileiro), sucessor do MDB; PP (Partido Popular), dissidentes da Arena e moderados do MDB; PT (Partido dos Trabalhadores), formado principalmente por trabalhadores sindicalizados, intelectuais e setores progressistas da Igreja católica; PTB (Partido Trabalhista Brasileiro), varguista, sob a liderança de Ivete Vargas;

e PDT (Partido Democrático Trabalhista), varguista, liderado por Leonel Brizola.

Nos anos seguintes, essas legendas iriam rachar e se recombinar, formando outras siglas importantes, como o PFL (Partido da Frente Liberal, de 1985, dissidência do PDS, que hoje virou o Democratas ou DEM); PSDB (Partido da Social Democracia Brasileira, de 1988, a partir de dissidência do PMDB); PSB (Partido Socialista Brasileiro, de 1985, fundado por membros da antiga sigla que havia sido extinta pela ditadura militar); PSOL (Partido Socialismo e Liberdade, de 2004, fundado por dissidentes do PT durante o primeiro governo Lula).

Em dezembro de 2020, havia 33 partidos registrados no TSE, um número bastante alto em comparação a outros países. Quando se calcula o número de partidos efetivos no parlamento (ou seja, um índice bastante usado para cientistas políticos para representar e comparar o número de agremiações com relevância no Legislativo), o Brasil atinge o índice de 16,46, um dos mais altos do mundo. Apenas para efeitos comparativos: esses índices são 3,31 na Argentina, 2,17 na Índia, 3,0 na França e 6,38 na Colômbia.

ESSE SISTEMA COM TANTOS PARTIDOS FUNCIONA?

Tendo em vista tal fragmentação partidária, o cientista político Sérgio Abranches batizou a dinâmica que opera a política brasileira de "presidencialismo de coalizão". Na prática, isso significa que, com tantos partidos representados no Congresso, o presidente não consegue sozinho constituir maiorias na Câmara dos Deputados e no Senado, e precisa formar amplas coalizões para conseguir governar. Ou seja, precisa formar grandes grupos de apoio às suas pautas. Essas alianças afetam o período eleitoral: o tempo de propaganda na TV também é determinado pelo número de membros na Câmara dos partidos que compõem uma chapa presidencial, por exemplo.

Inúmeros cientistas políticos ressaltam o sucesso desse sistema de relações entre Executivo e Legislativo no nível federal entre o início da década de 1990 até por volta de 2014. Em geral, os membros do Congresso votaram seguindo orientações dos líderes partidários (já falamos disso antes), e ao longo do tempo os presidentes conseguiram formar maiorias significativas, suficientes para aprovar grande número de reformas e projetos de lei apresentados pelo Executivo.

No entanto, manter essas coalizões amplas ao longo do tempo, tarefa fundamental para o governo funcionar, é um trabalho difícil, que passou a exigir não apenas habilidade política, mas troca de favores e cargos políticos. É por isso que vários críticos apontam problemas nessa dinâmica, como coalizões com pouca coerência ideológica, presidentes que abusaram de medidas provisórias (atos unilaterais do presidente com valor de lei, só posteriormente aprovados ou derrubados pelo Congresso) e, no limite, muito incentivo ao "toma lá dá cá" nas concessões de cargos e verbas.

É nesse cenário que surgem coalizões de partidos como o "centrão" — um agrupamento de partidos de centro-direita com destacada atuação no Congresso por ser capaz de aumentar em muito a chance de garantir maiorias de votos para projetos de leis de interesse do presidente da República — ou de puni-lo com oposição sistemática ou, no limite, com a abertura de processos de impeachment, como ocorreu quando a presidência da Câmara foi ocupada por Eduardo Cunha, opositor da então presidente Dilma Rousseff. O centrão é marcado por uma atitude fortemente fisiológica, aderindo a governos não de acordo com convicções ideológicas ou com ideais republicanos, mas como estratégia para aumentar seu acesso a cargos e verbas públicas.

Vários casos de denúncias de corrupção tiveram a ver justamente com esse tipo de manobra para manter maiorias e aprovar leis e emendas constitucionais no parlamento, como a suposta compra de votos para a aprovação da emenda da reeleição no governo FHC e o "mensalão" no governo Lula.

No nível municipal, essas coalizões variam muito e costumam ser mais fluidas do que no nível federal. Mas, de todo modo, os prefeitos têm de formar maioria no Legislativo caso queiram avançar projetos de lei e reformas mais importantes na cidade, como a aprovação de planos diretores e leis de zoneamento, a criação de novos impostos etc.

6.
COMO OS VOTOS SE TRANSFORMAM EM MANDATOS?

ELEIÇÕES SÃO SINÔNIMOS DE DEMOCRACIA?

Na democracia em seu modelo clássico, na Grécia antiga, sobretudo no modelo da ágora ateniense, os cidadãos decidiam de forma direta e participativa. Era comum realizar sorteios periódicos, e não eleições, para decidir quem ocuparia os cargos importantes naquela estrutura política — cargos semelhantes aos que hoje integram o Poder Executivo. Esse método era considerado mais justo, pois garantiria alternância de poder sem que um cidadão com maior influência, mais recursos ou maiores talentos retóricos vencesse repetidamente os pleitos.

Mesmo depois de séculos, essa prática grega pautou os debates da criação da primeira república moderna, os Estados Unidos, no final do século XVIII. Alguns dos líderes e pensadores associados à criação do sistema político norte-americano, como George

Washington e Thomas Jefferson, tinham o enorme desafio de montar um sistema democrático em um país de proporções continentais, com uma população que só aumentava, e não mais numa pequena cidade-Estado.

Apesar de já haver alguns elementos de "representação política" em outros lugares, mesmo em sistemas não democráticos, é a partir desse impasse que surge a primeira grande democracia representativa do mundo. Com isso, a representação passou a ser um elemento central em boa parte das democracias, aparecendo na maioria das constituições modernas por meio da ideia de que o poder emana do povo, mas é exercido por intermédio de seus representantes.

Porém, mesmo havendo eleições, sempre existe o risco de que sejam eleitos indivíduos de alguma forma privilegiados, seja por disporem de recursos econômicos para financiar suas campanhas ou acesso aos meios de comunicação, seja porque têm certas características físicas ou de personalidade mais valorizadas em determinada população. Em lugares onde existem enormes disparidades de renda, preconceito racial, ou desigualdade de gênero, o risco fica muito mais alto.

Essa ressalva é um lembrete para não se romantizar demais as eleições como se elas fossem um mecanismo perfeito de seleção de lideranças: por si sós, elas não garantem que indivíduos dos mais diversos setores da sociedade ocupem posições de poder; ao contrário, os pleitos muitas vezes tendem a reproduzir essas desigualdades sociais.

Por isso, democracia representativa infelizmente não é sinônimo de igualdade. A composição do Congresso Nacional, por exemplo, é muito mais branca, masculina, rica e heterossexual que a média da população brasileira. Esse não é um problema apenas no Brasil: várias sociedades do mundo tentaram diminuir essas distorções por meio de sistemas de cotas e outras ações afirmativas para aumentar a representatividade de grupos minoritários no parlamento.

A conquista do "sufrágio universal" na maioria das sociedades foi um processo lento e gradual que começou no fim do século XVIII e caminhou graças a muitos embates e ativismo por parte dos movimentos sociais. Mesmo hoje, em boa parte das democracias temos distorções que ainda precisam ser resolvidas, como a perda do direito ao voto de indivíduos encarcerados.

Você quer um exemplo que me marcou? Na Suíça, o voto feminino só foi garantido em 7 de fevereiro de 1971, quando a minha mãe já tinha onze anos.

ELEIÇÕES E DEMOCRACIA NO BRASIL

Como é próprio de toda democracia, o sistema representativo no Brasil viveu uma trajetória importante de mudanças. As primeiras eleições em território brasileiro foram realizadas ainda no período colonial e se restringiam ao nível local. Nessas eleições, muitas vezes fraudadas, os "homens bons" (em geral pessoas de posses ou que forneciam serviços à Coroa) podiam ser eleitos como conselheiros municipais, em reuniões que se davam de três em três anos, das quais podiam participar, como eleitores, os "homens livres" — ou seja, ficavam de fora os homens escravizados e as mulheres. No Império, a partir da Constituição de 1824, o voto é censitário, ou seja, concedido a um determinado grupo de pessoas que cumprissem certos quesitos econômicos, e continua exclusivamente masculino: só podiam votar homens, não escravizados e a partir de certo nível de renda, o que excluía a grande maioria da população.

O período da República Velha, que vai de 1889 a 1930, é marcado pela promulgação da Constituição de 1891, que estabelece as bases institucionais da República, o presidencialismo como sistema de governo, com a eleição do presidente por meio do voto popular; a federação como forma de Estado e a instituição de um sistema bicameral, com o Congresso Nacional, dividido entre Senado e Câmara dos Deputados.

Muito embora tenha sido abolido o voto censitário, ou seja, aquele baseado em critério de renda mínima, cidadãos analfabetos, mulheres, mendigos, militares de baixa patente e menores de 21 anos não tinham direito ao voto. Não bastasse, foi um período notabilizado por fraudes eleitorais de todos os tipos e pelo "coronelismo", fenômeno comum em regiões agrárias, caracterizado por uma liderança local, os "coronéis", com forte influência política, exercida pela prática da troca de votos por favores e pela violência e intimidação, que ficou conhecida como "voto de cabresto". Os coronéis exerciam poder tanto na indicação dos candidatos como nos resultados das eleições.

Em 1930, com o início do governo de Getúlio Vargas, promoveu-se uma série de reformas, como a extensão do direito ao voto às mulheres, a introdução do voto secreto e a criação da Justiça Eleitoral, que aprimorou o sistema de registro de candidaturas e de contagem de votos, dando maior lisura ao sistema eleitoral como um todo. Essas inovações, no entanto, duraram pouco, já que em 1937 Getúlio promove um golpe de Estado que fecha o Congresso e suspende a realização de eleições, retomadas só depois de oito anos, com o fim do regime em 1945.

Próximo ao fim do Estado Novo, foi promulgado um decreto-lei conhecido como Lei Agamenon, que buscou restabelecer o sistema eleitoral no Brasil. A lei restituiu órgãos importantes ligados à Justiça Eleitoral, como o Tribunal Superior Eleitoral. E manteve a determinação do voto obrigatório, o sistema de eleições majoritárias para o cargo de presidente e senador, e de eleições proporcionais para a Câmara dos Deputados.

Esse período de novas reformas é novamente interrompido em 1964 com o golpe militar e a promulgação do ato institucional nº 1, que em abril daquele mesmo ano determinava a realização de eleições indiretas para os cargos de presidente e senador, eleitos por um colégio eleitoral e não pelo voto popular. Foi o período dos "governadores biônicos", eleitos indiretamente e referendados pelo regime. Muitos líderes de oposição têm seus mandatos cassados e, com o ato institucional nº 2, de outubro de 1965, é adotado um sistema bipartidário: Arena, ligada ao regime, e MDB, que concentrava as lideranças de oposição — uma oposição permitida. Os demais partidos são proibidos e passam a atuar na ilegalidade. Em 1968, com o cerceamento ainda maior do sistema político por meio do ato institucional nº 5, é determinado o fechamento do Congresso.

Após quase duas décadas de regime militar, a retomada da democracia se inicia em 1979 e se fortalece em 1983 com o movimento Diretas Já, que lutava pelo restabelecimento de eleições diretas para a Presidência da República. Os anos seguintes assistem a importantes conquistas, como o direito de voto aos analfabetos, a possibilidade de criação de novos partidos, o restabelecimento das eleições diretas para presidente, senadores, governadores e para todas as prefeituras e, por fim, a promulgação de uma nova Constituição no ano de 1988. Em 1985, os analfabetos também ganharam direito ao voto, o que fez com que, pela primeira vez, o Brasil pudesse ser considerado um país de sufrágio universal.

A nova Constituição retoma também o funcionamento do Congresso bicameral, dividido entre Senado e Câmara dos Deputados, e define o mandato para presidente com duração de cinco anos (alterado, em 1994, para quatro anos). Em 1997, é aprovada uma emenda constitucional que autoriza a reeleição por até um mandato subsequente aos chefes do Executivo (presidentes, governadores e prefeitos).

Embora o debate a respeito da possibilidade da reeleição já se estendesse havia alguns anos, ele caminhou definitivamente a partir de uma articulação de congressistas da base de apoio parlamentar do então presidente Fernando Henrique Cardoso, o primeiro a se beneficiar do novo texto constitucional, elegendo-se por um novo mandato em 1998. Esse processo foi extremamente controverso: pesquisas indicavam que grande parte da população era contra, e ainda pairam acusações graves de que a emenda constitucional só passou porque os congressistas teriam sido "comprados" para votar a favor. Essa regra constitucional se mantém até hoje, dividindo a opinião de especialistas e da população e recebendo críticas, inclusive, do próprio FHC.

Uma última inovação que veio para aumentar a confiabilidade e a rapidez do processo eleitoral foi a adoção, a partir do final de 1996, das urnas eletrônicas em todo o país. As urnas eletrônicas passam por inspeções periódicas e são internacionalmente reconhecidas por sua segurança e praticidade, apesar de, em anos recentes, terem sido alvo constante de desconfiança de parte da população e de lideranças políticas, mesmo sem haver provas de que tais urnas sejam passíveis de fraudes.

COMO OS VOTOS SE TORNAM MANDATOS?

Para começar a compreender de que forma os votos de eleitores são traduzidos em assentos no Legislativo ou em mandatos no Executivo, é preciso saber qual é o distrito eleitoral do pleito. No Brasil, depende do cargo: para a eleição do presidente, é todo o território nacional; de governadores, deputados estaduais, senadores e deputados federais, é o estado; de prefeitos e vereadores, o município.

Definido o distrito, temos de analisar o número de vagas em jogo naquela eleição específica: é o que os cientistas políticos chamam de "magnitude" de um distrito eleitoral. Numa eleição municipal na cidade de São Paulo, por exemplo, na prática acontecem duas eleições simultâneas, uma para prefeito e outra para vereador. No primeiro caso, o distrito é de magnitude 1, já que há apenas um prefeito eleito para a cidade. Já na eleição para vereador, a magnitude é 55, pois são eleitos 55 vereadores para compor uma legislatura. Esse número é definido de modo proporcional ao tamanho da cidade: sempre entre 9 e 55 representantes vão compor o Legislativo municipal.

Em eleições para cargo de prefeito, ganha aquele que conseguiu uma maioria simples dos votos (50% + 1 dos votos válidos). Em cidades com mais de 200 mil eleitores, caso essa maioria não seja atingida por nenhum dos candidatos no primeiro turno, os dois candidatos mais votados se enfrentam num segundo turno.

Esse tipo de sistema eleitoral em que o candidato ou partido mais votado leva todas as cadeiras do distrito se chama eleição majoritária. Como no caso de prefeitos, governadores e presidente há apenas uma vaga em jogo, somente o candidato com mais votos é eleito em cada distrito. Já os vereadores são escolhidos por meio de uma eleição proporcional, que leva em conta o quociente eleitoral.

Para calcular o quociente eleitoral, precisamos ter em mente a definição de votos válidos, que são os votos efetivamente depositados pelos eleitores para um candidato ou partido, ou seja, votos que não são brancos ou nulos. Aliás, em termos práticos, votos brancos ou nulos são equivalentes e têm o mesmo efeito em uma eleição: são votos não válidos. E, não, não é verdade que uma maioria de votos nulos anula uma eleição — isso é um mito que sempre volta a circular de tempos em tempos.

Vamos pensar em uma cidade hipotética que tem duzentos eleitores e dez vagas na Câmara Municipal. O quociente eleitoral é o número de votos que um partido precisa receber para ocupar um assento na Câmara e é calculado dividindo o número de votos válidos pelo número de vagas.

Imaginando que todos os duzentos eleitores votaram em algum candidato ou partido, o quociente eleitoral desse exemplo seria vinte (duzentos votos válidos ÷ dez cadeiras = quociente eleitoral de vinte votos). Com esse quociente eleitoral definido, pode-se calcular o número de vagas que cada partido ocupará na Câmara. Isso se dá pelo cálculo do quociente partidário, que é obtido dividindo o número de votos do partido pelo quociente eleitoral.

Em nossa cidade fictícia há três partidos: A, B e C, que receberam quarenta, sessenta e cem votos respectivamente. No caso, os quocientes partidários seriam 2, 3 e 5: o partido A elege dois vereadores (quarenta votos válidos para o partido ÷ quociente eleitoral de vinte votos = duas cadeiras, que é o quociente partidário); o partido B, três vereadores (sessenta votos válidos ÷ quociente eleitoral de vinte votos =

três cadeiras) e o partido C, cinco vereadores (cem votos válidos ÷ quociente eleitoral de vinte votos = cinco cadeiras). Uma vez estabelecido esse número de eleitos por partido, a definição dos candidatos que ocuparão cada uma dessas vagas se dá no interior deles, na ordem dos mais para os menos votados. Esse é o chamado sistema proporcional de lista aberta.

Se a divisão de cadeiras adota a fórmula da representação proporcional — como as vagas da Câmara dos Deputados —, o cenário é um pouco mais complexo, embora a maneira de calcular os quocientes e distribuir os candidatos seja a mesma. Nesse caso, o que muda é que, antes, há uma divisão de cadeiras por estados conforme sua população, respeitando a regra de que nenhum estado pode ter menos de oito ou mais de setenta deputados. Depois, é só calcular o quociente eleitoral (votos válidos ÷ número de cadeiras de cada estado) e o quociente partidário (votos válidos para o partido ÷ quociente eleitoral) e então preencher as respectivas vagas com os mais votados dentro de cada partido.

Esse modelo de distribuição, embora definido pela Constituição de 1988 de modo a garantir alguma capacidade de representação digna de nota a estados muito menos populosos que outros, continua sendo alvo de debates. Isso porque não há previsão de uma fórmula matemática para a distribuição das cadeiras e nunca foi realizada uma atualização das proporções definidas há quase trinta anos, quando a distribuição populacional brasileira era bastante diferente. Assim, estados como São Paulo, hoje bastante mais populosos, se encontram sub-representados, enquanto outros como Acre, Roraima e Amapá têm uma espécie de "sobrerrepresentação de cadeiras". Para se ter uma ideia, um deputado de Roraima representa por volta de 62,5 mil cidadãos, enquanto um deputado de São Paulo representa cerca de 628 mil. Nós já falamos disso antes, você notou?

Essa dinâmica das eleições para o Legislativo causa um fenômeno peculiar do sistema eleitoral brasileiro. Na prática, quando votamos num candidato de um partido, estamos escolhendo o partido que julgamos merecedor de uma vaga na Câmara (lembra que o quociente partidário é calculado com base em todos os votos do partido?) e manifestando nossa predileção por alguém no interior daquele partido (o que vai contar quando, uma vez determinado o número de cadeiras a que o partido tem direito, forem escolhidos, dentro dele, os destinatários dos cargos). Por isso, no caso brasileiro, o eleitor pode escolher votar apenas na legenda partidária: nesse caso, ele escolhe apenas a sigla, sem elencar nenhuma preferência por um ou outro membro.

Esse sistema costuma causar confusão, porque é bastante comum observarmos candidatos com poucos votos sendo eleitos graças ao desempenho dos puxadores de votos. Aquele que for muito bem e angariar muitos votos numa eleição para a Câmara Municipal acaba ampliando o número de assentos destinados a seu partido, que muitas vezes acabam preenchidos por candidatos que tiveram poucos votos na eleição — não raro muitos votos a menos que candidatos bem votados de partidos menos populares.

Buscando corrigir distorções como essa, foi implementada uma emenda constitucional no art. 17 da Constituição Federal, que introduziu a "cláusula de desempenho", ou cláusula de barreira. Embora sua nomenclatura não seja muito precisa — na verdade, ela não impede nem interfere diretamente no funcionamento dos partidos políticos —, ela é fundamental para definir os rumos e as estratégias dos partidos, uma vez que regula aqueles que podem receber dinheiro do Fundo Partidário e têm direito ao horário eleitoral no rádio e na TV.

Para isso, o partido precisa cumprir um dos requisitos: ter obtido, "nas eleições para a Câmara dos

Deputados, no mínimo, 3% (três por cento) dos votos válidos, distribuídos em pelo menos um terço das unidades da Federação, com um mínimo de 2% (dois por cento) dos votos válidos em cada uma delas"; ou eleito "pelo menos quinze Deputados Federais distribuídos em pelo menos um terço das unidades da Federação".

Ao longo de sua implementação, a cláusula de desempenho deve gerar algumas alterações importantes no cenário político brasileiro, como uma tendência maior de junção de pequenos partidos em siglas maiores e mais representativas, além de uma busca mais acirrada pela filiação de novos membros às legendas. Há também uma expectativa de que a medida dê maior importância às convenções e prévias dos partidos, momento em que os filiados podem atuar de maneira mais incisiva na vida interna das legendas, discutindo seus programas e diretrizes.

A controvérsia, por sua vez, seria a hipótese de que a cláusula prejudique a sobrevivência das minorias nas eleições, de modo que é preciso pensar num equilíbrio entre a fragmentação extrema e a garantia de representação de minorias dentro do sistema político representativo brasileiro. De qualquer jeito, a cláusula de desempenho somente será plenamente efetivada em 2030, já que a emenda constitucional previu regras transitórias e progressivas para cada uma das eleições a se realizar até lá, a partir de 2018.

Outro ponto importante do debate em torno do Poder Legislativo é que durante muito tempo o sistema eleitoral brasileiro autorizou a formação de coligações entre partidos para as eleições. No entanto, com a lei nº 13877 de 2019, as alianças passaram a ser permitidas somente para eleições majoritárias. Assim, os partidos ainda podem formar alianças para disputar cargos de prefeitos, governadores, senadores e presidente, mas cada partido precisa correr por conta própria nas eleições de deputados e vereadores.

Aliás, a eleição para senadores merece atenção. Independentemente de sua população, cada estado tem três senadores. Os mandatos duram oito anos, que são renovados na proporção de um terço em uma eleição e dois terços no pleito seguinte. Trata-se também de uma eleição majoritária, mas nesse caso o eleitor deposita dois votos quando há duas vagas em disputa. Os cientistas políticos chamam esse sistema de majoritário plurinominal, em que os eleitores votam num número de candidatos igual ao número de assentos disponíveis, sendo que ganham aqueles que obtiverem mais votos.

O SISTEMA ELEITORAL BRASILEIRO É O MELHOR PARA O PAÍS?

Embora o sistema presidencialista, com a divisão entre eleições majoritárias e proporcionais, vigore há certo tempo no Brasil e tenha tradição na América Latina em geral, ainda é comum, sobretudo em momentos de instabilidade política, o retorno de discussões sobre qual seria o melhor modelo de representação política para o Brasil e se faria sentido buscar reformas mais estruturais.

Em geral, os proponentes dessas reformas buscam inspiração em outros sistemas eleitorais. Muito se debateu, por exemplo, a viabilidade do sistema parlamentarista no Brasil, que inclusive vigorou em dois momentos no país: entre 1847 e 1889, durante o Império, e entre 1961 e 1963, após a renúncia do presidente Jânio Quadros.

O debate se inspira principalmente no parlamento britânico, seu melhor exemplo. Os especialistas a favor da troca defendem que o modelo seria mais bem adaptado à resolução de crises, próprias da democracia, sem gerar maiores instabilidades ao regime político como um todo. Do outro lado do cabo de guerra, o argumento é de que a adoção do parlamentarismo poderia agravar traços negativos da nossa democracia, como a baixa representatividade da classe política, a pouca renovação de seus quadros e uma atuação parlamentar pouco pautada por programas partidários.

No entanto, talvez o país que hoje exerça maior influência na discussão sobre reformas políticas no Brasil seja os Estados Unidos — não só por ser considerado a democracia mais antiga do mundo, pelas semelhanças na extensão territorial e população com o Brasil, mas por sua influência cultural e política em todo o continente americano.

Assim como o Brasil, o sistema político estadunidense é baseado na separação de poderes e no sistema federalista. Mas trata-se de um federalismo menos centralizado, já que confere maior independência às unidades federativas, ou seja, aos estados.

O Congresso norte-americano é dividido entre a House of Representatives, onde atuam os representantes do povo, similar a nossa Câmara dos Deputados, e o Senado, representando os estados — cada estado tendo direito à eleição de dois senadores, somando, ao todo, cem senadores. As eleições para o Congresso nos Estados Unidos se dão por meio do voto direto em eleições majoritárias distritais — ou seja, cada distrito escolhe seu representante e ganha o que tiver maior número de votos —, embora o mandato dos congressistas tenha dois anos e o dos senadores, seis.

No entanto, talvez o aspecto mais peculiar no sistema eleitoral nos Estados Unidos seja a regra de eleição para o cargo de presidente, formado por um intrincado sistema de eleições indiretas. O presidente é eleito por meio de um Colégio Eleitoral constituído por 538 representantes chamados de delegados, ou *electors*. Os delegados são representantes dos estados e equivalem à soma do número de senadores de um determinado estado e o número de representantes de cada estado na House of Representatives.

Já que o número de representantes é proporcional à população e cada estado tem sempre dois senadores, então o número de delegados no Colégio Eleitoral é relativamente proporcional às populações de cada estado, apesar de também haver distorções. A lógica é a mesma do caso brasileiro, e pequenos estados norte-americanos, como Wyoming e Vermont, acabam tendo mais representantes no Legislativo federal por habitante do que estados muito populosos, como a Califórnia e o Texas. Embora os estados tenham autonomia para determinar como elegem seus delegados e, dessa forma, como representarão os estados na eleição presidencial, o sistema mais utilizado é o do "voto em bloco partidário" (*the winner takes all rule*): o candidato à Presidência que, após os pleitos regionais realizados em novembro do ano eleitoral, receber o maior número de votos leva todos os delegados do estado. Em dezembro do ano eleitoral, cada estado reúne seus delegados e envia seus votos para serem contabilizados pelo Senado. A partir daí, os votos serão somados em janeiro do ano seguinte, determinando o vencedor da corrida para a Casa Branca.

Outra questão tem a ver com as delimitações territoriais dos respectivos distritos nas eleições do Legislativo. No Brasil, as fronteiras estão claras, porque o distrito corresponde ao município, ao estado ou a todo o país, enquanto num sistema distrital majoritário de magnitude 1 os contornos do distrito podem ser manipulados e demarcados de forma a manter certos grupos raciais sempre em minoria eleitoral. Essa prática, conhecida por *gerrymandering*, pode acabar privilegiando grupos ou partidos políticos. Um exemplo desse tipo de manobra foi o projeto REDMAP, encabeçado pelo Partido Republicano, que utilizou a partir de 2010 softwares avançados para propor um redesenho dos distritos em estados políticos decisivos, como Pensilvânia, Ohio, Michigan, Carolina do Norte, Flórida e Wisconsin. Nessa nova configuração territorial, os votos democratas tendiam a se concentrar em determinados distritos, de modo que os republicanos pudessem obter maiorias — e, portanto, assentos — em mais distritos. A estratégia, questionada legal e eticamente por muitos opositores, levou a seguidas vantagens dos republicanos nas eleições legislativas desses estados na última década.

De modo geral, sistemas majoritários como o norte-americano tendem a criar uma situação de bipartidarismo, enquanto sistemas proporcionais, como nas eleições para deputados e vereadores no Brasil, favorecem o surgimento de sistemas multipartidários, com poucas barreiras à criação de novos partidos políticos. Paralelamente, essa mesma lógica também é responsável pela superfragmentação de nosso sistema político, que acaba dependendo dos movimentos de coalizão para garantir que o Executivo consiga aprovar suas pautas e projetos.

Diante dessas questões, especialistas e representantes da classe política, sobretudo desde o início da crise política por volta de 2015, vêm buscando soluções para alterar esse cenário, apresentando propostas de reformas do sistema eleitoral e da legislação eleitoral, com basicamente três objetivos principais: aumentar a representatividade e assim aprimorar a legitimidade democrática do sistema político; baratear o custo das eleições e facilitar a governabilidade.

Algumas delas são justamente a proibição de coligações partidárias e a adoção da cláusula de desempenho. Outras ainda são objeto de debate, como a duração dos mandatos e a possibilidade de reeleição. Os defensores dessa possibilidade argumentam que a reeleição garante que bons governantes sejam recompensados e uma eventual segunda legislatura pode garantir a continuidade de programas mais complexos e de longo prazo.

Os opositores afirmam que a possibilidade da reeleição influencia negativamente a gestão do governante, já que poderia incentivar o uso da máquina pública para fins eleitorais, gastos irresponsáveis que aumentem sua popularidade no curto prazo e desencorajar a tomada de decisões políticas necessárias, mesmo que impopulares. Além disso, a reeleição contraria o princípio da alternância de poder e confere maior visibilidade — e, portanto, uma vantagem injusta — ao candidato que já ocupa o cargo. Procurando conciliar as duas perspectivas, tem-se discutido a possibilidade de extensão do mandato de quatro para cinco anos, sem possibilidade de reeleição.

Outra proposta é a adoção de um sistema distrital misto, de modo a conjugar os sistemas proporcional e majoritário de representação. Nesse caso, parte das vagas seria preenchida por meio de eleições majoritárias, parte por eleições proporcionais. Os eleitores, por sua vez, precisariam votar no candidato de seu distrito e na legenda de sua preferência. Seus defensores argumentam que essa dinâmica traria maior representatividade aos partidos, já que os eleitores teriam uma relação mais próxima com o representante de seu distrito na Câmara. A mudança também pouparia gastos com as eleições, pois os candidatos fariam campanhas para um número menor de eleitores e em espaços geográficos muito mais restritos. Já os contrários à proposta destacam a reprodução do fenômeno do *gerrymandering* no Brasil, ou seja, uma delimitação geográfica tendenciosa de distritos.

Por fim, existe ainda a longa discussão sobre a obrigatoriedade do voto no Brasil. De um lado, há quem defenda que comparecer às urnas deve ser opcional, partindo do princípio de que a participação política é um direito e não uma obrigação. De outro, aqueles que sustentam que a democracia é bastante imatura no país e por isso seria importante a manutenção de mecanismos de incentivo para a participação nas eleições e, sobretudo, para coibir possíveis desigualdades advindas de um caráter optativo do voto, que poderia suscitar uma participação maior de indivíduos das classes médias e altas nas eleições — uma vez que, por menores que sejam, existem custos associados ao ato de votar. Outro argumento a favor da obrigatoriedade diz respeito a certo equilíbrio ideológico do espectro político, já que, num cenário de voto facultativo, grupos mais radicais e atuantes tendem a comparecer mais às urnas, ocasionando uma polarização excessiva do sistema.

Todos esses debates indicam que podemos aprimorar nosso sistema eleitoral e o funcionamento das eleições — e que não há um sistema perfeito. Democracias muito mais antigas e consolidadas retornam a essas questões com grande frequência. No entanto, não podemos nos esquecer de que a democracia representativa que temos hoje, por mais que tenha muitos defeitos, é um avanço se comparada às práticas de mandonismo político da República Velha ou ao fechamento autoritário da ditadura militar. E, principalmente, que a qualidade da democracia também depende de nossa capacidade de eleger e acompanhar os mandatos de representantes comprometidos com valores públicos, com a justiça social e com a construção de uma democracia cada vez mais sólida.

7.
COMO SÃO FINANCIADAS AS ELEIÇÕES E POR QUE ISSO IMPORTA?

A RECENTE MUDANÇA NA LEGISLAÇÃO BRASILEIRA

Quantas vezes às vésperas das eleições não nos deparamos com milhares de "santinhos" jogados no chão próximo aos locais de votação? E quantas vezes não nos perguntamos de onde vêm os recursos para os eventos grandiosos e as caríssimas e sofisticadas campanhas eleitorais de televisão e seus jingles, idealizados por publicitários de renome, com orçamentos estratosféricos? Entender como são financiadas as eleições é crucial na dinâmica da política brasileira.

Atualmente, a decisão sobre o valor gasto para viabilizar as eleições faz parte do processo de aprovação do Orçamento Geral da União, a Lei Orçamentária Anual (LOA). Para custear o processo das eleições municipais de 2020, por exemplo, foi aprovada a soma de 1,28 bilhão de reais, incluindo gastos com pessoal, logística, aquisição e manutenção de urnas eletrônicas, materiais de votação, apuração, divulgação de resultados e diplomação dos candidatos, entre outros. E por se tratar de uma eleição de dimensões continentais, com quase 147 milhões de eleitores, 550 mil candidatos e 5568 mil municípios, arregimentando cerca de 2 milhões de mesários, o processo foi bastante complexo e, consequentemente, caro.

A LOA, no entanto, não inclui o valor do Fundo Especial de Financiamento de Campanha, o nome formal do Fundo Eleitoral, que contou com 2 bilhões de reais reservados aos partidos, algo em torno de 0,055% do orçamento geral da União para o ano de 2020.

Decidir o montante destinado a esse fundo pressupõe um longo processo de negociação no Congresso Nacional, que se inicia na Comissão Mista de Planos, Orçamentos Públicos e Fiscalização. Esse grupo é composto por deputados e senadores — daí seu nome — e tem, entre outras funções, examinar e emitir pareceres sobre projetos de lei envolvendo diretrizes orçamentárias gerais e do orçamento anual do governo. Assim como outras comissões permanentes do Congresso, sua composição segue um critério de proporcionalidade entre partidos, isto é, o número de vagas a que cada legenda tem direito reflete o tamanho de sua bancada na Câmara e no Senado; mas há medidas para garantir alguma representatividade aos partidos minoritários, que se alternam numa vaga adicional na comissão. Há ainda outras comissões permanentes que se dedicam a outros assuntos, como questões ambientais, de gênero ou segurança. Cabe a essas comissões promover debates e aprovar projetos de leis, realizar audiências públicas com entidades da sociedade civil e mesmo convocar ministros de Estado para prestar esclarecimentos a respeito de suas atividades.

As propostas aprovadas pela comissão são enviadas ao Congresso Nacional para que sejam mais uma vez discutidas e autorizadas. Em 2019, a comissão havia sancionado um orçamento de 3,8 bilhões de reais ao Fundo Eleitoral para a realização das eleições municipais de 2020, mas uma votação acirrada no Congresso acabou determinando que somente 2 bilhões de reais seriam reservados a esse fim. Em que pese a diminuição em relação à proposta inicial, essa quantia ainda foi 18% maior do que o 1,7 bilhão de reais destinado às eleições de 2018.

Segundo os parlamentares, essa diferença se explica pela participação de um número maior de candidatos nas eleições municipais, sobretudo depois da proibição de coligações para eleições proporcionais. Como contam apenas com seus votos, os partidos acabam lançando mais candidatos, o que encarece a estrutura eleitoral.

De qualquer maneira, o dinheiro que financia as eleições faz parte do nosso orçamento anual e não pode ser direcionado a outros setores. Pressionados pela sociedade, alguns deputados e senadores argumentaram que o valor inicialmente apresentado pela Comissão poderia acabar reduzindo o orçamento de ministérios importantes, como Saúde, Educação e Infraestrutura — no total, em 2020, o orçamento geral da União teve um valor global de 3,6 trilhões de reais.

FAZ SENTIDO O ESTADO FINANCIAR AS ELEIÇÕES?

A possibilidade de empresas fazerem doações a campanhas eleitorais existia desde a aprovação da Lei Eleitoral (nº 9504/97), a qual se deu, em grande parte, como resposta ao "esquema PC Farias", um escândalo de corrupção associado a doações ilegais de empresas à campanha de Fernando Collor de Mello, em 1989. O caso, batizado com o nome do tesoureiro da campanha do candidato, atingiu em cheio o processo de redemocratização e, de certo modo, antecipou os desafios e as questões que tomaram o cerne do debate político-eleitoral no Brasil pelos anos seguintes.

Entre a Lei Eleitoral e 2014, grande parte do custo das eleições era bancada por empresas, que podiam doar no máximo 2% do seu faturamento bruto referente ao ano anterior à eleição. Contudo, não foram poucos os escândalos relacionados a grandes empresas públicas e privadas, redes ilegais de financiamento de campanhas e desvio de verbas públicas praticados por políticos.

No ano seguinte à aprovação da Lei Eleitoral, vem à tona o "mensalão tucano", esquema envolvendo empresas privadas e o desvio de valores de empresas estatais para pagamento de valores de caixa 2 — o dinheiro não declarado e não contabilizado — à campanha de reeleição do então governador mineiro Eduardo Azeredo.

Em 2004, a Operação Navalha desvendou outro esquema de desvio de verbas da União para contratação irregular de obras públicas em favor de construtoras aliadas a políticos ligados ao Poder Executivo do governo da Bahia e Maranhão, entre outros. Ainda em 2006 estoura o caso Furnas, em que a estatal de energia com sede no Rio de Janeiro abastecia campanhas de diversos partidos ilegalmente, também com a participação de empresas privadas.

Entre 2005 e 2006, durante o governo Lula, houve o caso do mensalão, quando veio a público um esquema de compra de votos de parlamentares dos mais diversos partidos por meio de recursos obtidos pela doação ilegal de empresas. Em 2013, foi também descoberto o cartel do Metrô e dos trens em São Paulo, revelando fraudes em contratos licitatórios e pagamento de propinas por diversas empresas e políticos ligados ao PSDB, entre vários outros casos semelhantes espalhados pelo país desde o início dos anos 2000.

De fato, as duas primeiras décadas do século XXI no Brasil deixaram bastante claro que as reformas do sistema político-eleitoral estavam longe de inibir poderosos esquemas de corrupção relacionados ao financiamento ilegal de campanhas políticas. Os números em torno da eleição de 2014 nos ajudam a entender melhor alguns pontos.

Naquelas eleições, a soma de todos os gastos de campanha de candidatos a deputado, senador, governador e presidente totalizou 5,1 bilhões de reais — um valor equivalente ao orçamento de grandes obras públicas de infraestrutura. No mesmo ano, as doações de empresas representaram 80% do valor total. As dez empresas que mais doaram para campanhas ajudaram a eleger cerca de 70% da Câmara de Deputados, ou seja, 360 dos 513 deputados eleitos receberam recursos das dez maiores doadoras. Esses 360 deputados eram filiados a 23 partidos diferentes, o que nos leva a uma primeira conclusão: as empresas doadoras não escolhem espectros políticos. Na verdade, os recursos doados são divididos de modo a garantir os interesses das empresas, não importa o vencedor. Em 2014, a quantia mínima gasta entre os 28 partidos à Câmara Federal que conseguiram eleger ao menos um deputado foi de 10 milhões de reais, somas astronômicas se pensarmos na possibilidade de um cidadão médio brasileiro se eleger a um cargo no Legislativo federal.

Até agosto daquele mesmo ano, por exemplo, apenas três empresas financiaram 65% dos gastos dos candidatos à Presidência: uma grande produtora de proteína animal (JBS), uma empresa ligada à produção de bebidas (Ambev) e uma empreiteira (OAS). Bancos e mineradoras também integram o time dos doadores de primeiro escalão.

Os números chamam a atenção: qual seria o real

interesse dessas grandes empresas ao doar cifras milionárias a partidos e candidatos? E levantam uma série de questões: deputados e senadores, uma vez eleitos, representarão os interesses de seus eleitores ou daqueles que bancaram suas candidaturas? E por quais meios os políticos vão retribuir as vultosas somas que subsidiaram suas campanhas? Não haveria um conflito no momento em que esses congressistas se virem diante de projetos de leis que dizem respeito aos interesses dessas empresas?

Não por coincidência, em 2014 começam a pipocar na mídia investigações como a Operação Lava Jato, que trouxeram à tona esquemas de corrupção ainda mais sofisticados, às voltas com cifras bilionárias desviadas da Petrobras e de outras empresas públicas para custear esquemas ilegais, campanhas políticas e práticas de favorecimento de grandes empresas ligadas ao setor de construção civil, naval, energético, entre outros.

A Lava Jato teve mais de setenta fases e atuou em praticamente todos os estados. Segundo números do Ministério Público Federal, ao longo de mais de seis anos a operação somou mais de trezentas prisões, inclusive de ex-presidentes, ministros de Estado, grandes empresários e doleiros internacionais. Cerca de 4 bilhões de reais já teriam sido devolvidos por meio de 185 acordos de colaboração, além de catorze acordos de leniência com empresas para a devolução de cerca de 14,3 bilhões de reais.

Como saldo desses escândalos, em 2015 o Supremo Tribunal Federal determinou a inconstitucionalidade do financiamento privado de campanha, sob o argumento de que estaríamos diante de um cenário insustentável de submissão do poder político ao poder econômico. No mesmo ano, ainda no governo Dilma, foi sancionada uma nova lei que alterou as regras de financiamento de campanha e estabeleceu como fonte de financiamento das eleições apenas os repasses ao Fundo Partidário; as doações de pessoas físicas com limite de 10% dos rendimentos declarados no ano anterior e o patrimônio dos candidatos. A proposta visava a minimizar a influência das empresas na prática política.

No entanto, mesmo esse novo modelo apresentou alguns problemas, já que a nova regulamentação não estabelece limites de valores para o autofinanciamento de candidatos. Embora a lei determine um teto de gastos de campanha — estipulado pelo valor aprovado para as eleições anteriores corrigido pelo Índice Nacional de Preços ao Consumidor Amplo

(IPCA) —, de modo que haja uma paridade mínima entre os candidatos para não favorecer aqueles com mais recursos, na prática um candidato rico poderia bancar integralmente sua campanha, o que gera uma espécie de assimetria no processo eleitoral. Afinal, possuir recursos financeiros e ter representatividade política são coisas bastante distintas.

Outro problema que surgiu nesse novo contexto da reforma de 2015 foi que poucas pessoas físicas se interessaram em realizar doações aos partidos. Segundo especialistas, a escassez das doações não se deve a apenas um período mais curto de campanha, que caiu de noventa para 45 dias, mas também a uma falta de cultura de doação, que é bem mais forte nos EUA, onde impera uma visão geral de que a responsabilidade é do indivíduo e não do Estado ou das empresas.

FUNDO ELEITORAL E FUNDO PARTIDÁRIO

Todo esse cenário levou o presidente Michel Temer, em 2017, a criar o já citado Fundo Especial de Financiamento de Campanha (FEFC), ou Fundo Eleitoral. As eleições de 2018 foram as primeiras bancadas majoritariamente pelo financiamento público. Naquele ano, o fundo ofereceu 1,3 bilhão de reais para a realização das eleições, o que provocou um reajuste dos modelos de campanha eleitoral.

Outra consequência dessa mudança foi um papel fortalecido no partido, já que os recursos do Fundo Eleitoral são transferidos aos diretórios nacionais partidários, que determinam sua distribuição interna. No entanto, o valor do FEFC conseguiu financiar apenas 44,7% dos candidatos, uma vez que os partidos buscaram concentrar o valor reduzido em um número menor de candidatos, mas que tinham maior chance de sucesso. De toda maneira, dos 359 candidatos que receberam mais de 1 milhão de reais do fundo, 175 não foram eleitos.

Além disso, a alteração de 2018 passou a exigir o repasse de 30% dos recursos a candidaturas femininas. Embora a cláusula tenha gerado escândalos de desvio de verbas eleitorais utilizando candidaturas fantasma, houve um aumento de 52,6% no número de mulheres eleitas em relação a 2014. Em 2020, o Supremo Tribunal Federal confirmou a decisão de que 30% do total dos recursos fosse destinado a candidaturas de pessoas negras, contemplando a necessidade crescente de aumentar a representatividade e participação de grupos minoritários no sistema político brasileiro. Esses são mecanismos possíveis no financiamento público de campanhas.

E como exatamente esse Fundo Eleitoral é distribuído entre os partidos? Uma pequena parcela dos recursos é dividida igualmente entre as legendas e o restante é gradualmente distribuído conforme a votação das siglas e sua representação no Congresso Nacional no pleito anterior.

Em 2020, 2% do valor do fundo foi compartilhado igualmente entre todas as legendas registradas, mesmo as que não elegeram nenhum deputado no pleito anterior; 35% foram destinados aos partidos que elegeram ao menos um deputado, distribuídos de forma proporcional ao número de votos válidos; 48% dos recursos foram distribuídos de acordo com o número de deputados eleitos, sem levar em conta mudanças de sigla ao longo da última legislatura; por fim, 15% dos recursos seguiram o critério do número de senadores eleitos por partido. Seguindo todos esses critérios e proporções, em 2020, as duas legendas que mais receberam recursos foram o PT e o PSL, com 201,3 milhões e 199,4 milhões para gastos de campanha, respectivamente, duas das maiores bancadas na Câmara na legislatura de 2018 a 2022. Por isso, são também legendas que devem atrair candidatos nas próximas eleições.

Vale lembrar que o Fundo Eleitoral não é a única fonte de recursos públicos que custeiam as eleições. O Fundo Especial de Assistência Financeira aos Partidos Políticos, ou Fundo Partidário, também é composto por recursos públicos. No entanto, essa verba serve à manutenção dos partidos como um todo, não apenas em época de eleições. Ele foi criado em 1965 com promulgação da Lei Orgânica dos Partidos Políticos e até 2017, antes da reforma política, era repartido entre todas as legendas.

Como vimos, a partir daquele ano o acesso ao fundo partidário passou a obedecer à cláusula de desempenho, ou seja, se uma sigla não conquistar certo número de votos para as vagas no Congresso, vai ter atividades e recursos limitados dali em diante. Caso contrário, os partidos recebem a verba para a sua manutenção, ou seja, custeando a infraestrutura das sedes partidárias, contas de luz, de água e pagamento de pessoal e passagens aéreas, com valores percentuais sempre definidos em lei.

Com a alteração da legislação em 2019, os partidos puderam utilizar esses recursos para contratar consultorias contábeis e jurídicas cujo objeto fosse o próprio processo eleitoral. Esse ponto levantou bastante polêmica, já que os parlamentares pleitearam, sem sucesso, o uso do fundo para custear advogados em processos que extrapolam o objeto da eleição, como acusações de corrupção. Nesse sentido, os críticos alegaram que o uso do fundo para custeio de serviços de advocacia e contabilidade poderia abrir brechas para a alocação inadequada desse dinheiro por meio de contratos frios, ou seja, sem que haja efetivamente a prestação de serviços.

Por fim, no ano seguinte, acompanhando a migração das propagandas para o ambiente digital, permitiu-se que os recursos do Fundo Partidário também fossem empregados para custear impulsionamento de conteúdos na internet como publicações em redes sociais e sites de busca, além de multas eleitorais.

COMO É FEITO O CONTROLE DOS GASTOS
DE CAMPANHA?

Embora não seja incomum certo discurso de que a participação política não tem valor e que os políticos fazem o que bem querem, as idas e vindas das alterações eleitorais nos últimos anos mostram que isso não é verdade.

Grande parte dessas mudanças partiu da fiscalização e da pressão popular para evitar não só o desperdício de dinheiro público e práticas ilegais de financiamento de campanha, mas para garantir eleições mais limpas, transparentes e confiáveis. Participação e conhecimento da política são imprescindíveis e podem gerar resultados concretos em nosso dia a dia.

A Lei da Ficha Limpa nasceu de uma dessas iniciativas e determina que os candidatos condenados por órgãos colegiados — ou seja, por decisões proferidas por um conjunto de magistrados — podem inclusive se tornar inelegíveis, perdendo o direito de concorrer a cargos por oito anos. Entre as condições que podem ocasionar a inelegibilidade estão condenação por lavagem de dinheiro, improbidade administrativa, renúncia ao cargo para fugir de condenação, ou estar respondendo a processo de apuração de abuso de poder econômico ou político em processo eleitoral.

Outro exemplo é o controle dos gastos de campanha, mediante a prestação de contas feita ao Tribunal Superior Eleitoral ao final de cada pleito. É ela que garante a transparência e a legitimidade dos recursos e os gastos feitos pelos candidatos durante a campanha e vem se aprimorando ao longo do tempo, desde sua criação, em 1997.

Em 2006, a primeira minirreforma eleitoral buscou reduzir os custos de campanha e aprimorar os instrumentos de controle dos recursos eleitorais. Com isso, ficou proibida a confecção, utilização e distribuição de brindes ou outros bens ou materiais que possam proporcionar vantagem ao eleitor. Foram vetadas a utilização de outdoors e a fixação de cartazes e faixas em espaços públicos, além dos famosos "showmícios", eventos políticos animados por artistas. Já na prestação de contas, passou a valer a regra de que o tesoureiro responsável pela campanha ou do próprio partido também é responsável pela prestação dos gastos, além do próprio candidato.

Desde 2014, para dar maior transparência ao processo, os candidatos precisam obrigatoriamente de um contador profissional e de um advogado para justificar seus gastos. Esse documento deve ser apresentado até uma data específica em um sistema contábil padrão determinado pelo TSE, facilitando o controle e a fiscalização. Essa foi uma conquista notável, já que alguns grupos políticos propuseram a utilização de métodos próprios de contabilidade que poderiam dar margem para maquiar gastos irregulares.

Uma das preocupações fundamentais desses mecanismos de controle é evitar o abuso de poder econômico. O Tribunal Superior Eleitoral define a prática como a "utilização, antes ou durante a campanha, de recursos financeiros ou patrimoniais que busquem beneficiar candidato, partido ou coligação, afetando, dessa forma, a normalidade e a legitimidade do pleito". E, nesse caso, o abuso pode ser realizado pelo "emprego de dinheiro mediante as mais diversas técnicas, que vão desde a ajuda financeira, pura e simples, a partidos e candidatos, até a manipulação da opinião pública, da vontade dos eleitores, por meio da propaganda política subliminar, com a aparência de propaganda meramente comercial".

Portanto, o uso de dinheiro deve obedecer à lei e de modo a não alterar o curso natural da disputa eleitoral. Embora boatos e campanhas de difamação façam parte do jogo político, avaliar uma possível "alteração da normalidade" na era digital tornou-se um desafio para os órgãos reguladores das campanhas eleitorais, sobretudo após o fortalecimento das redes sociais e a popularização de mensagens por aplicativos como o WhatsApp.

A despeito de o TSE vetar o uso de ferramentas de automatização de envio de mensagens, como softwares de disparo em massa, um dos grandes escândalos foram as denúncias de contratação de empresas de comunicação por empresários que apoiavam a campanha de Jair Bolsonaro, que não só teriam utilizado softwares ilegais, mas também linhas de telefonia celular contratadas por meio de CPFs frios para compartilhar conteúdo que favorecesse o então filiado ao PSL. A jornalista Patrícia Campos Mello escreveu um bom livro para compreender o uso das redes sociais na política brasileira.

As denúncias deram origem a uma série de investigações no âmbito da Justiça Eleitoral. De um lado, para entender se esses gastos foram legais e declarados, seguindo as normas de financiamento de campanha estabelecidas pelo Tribunal Superior Eleitoral, e, de outro, para compreender se essas mensagens, por seu volume, alcance e teor — muitas delas falsas —, teriam influenciado o resultado das eleições de uma maneira excessiva e desproporcional, o que poderia anular o pleito. A dificuldade neste último caso é justamente mensurar o impacto desses conteúdos no processo eleitoral a ponto de fundamentar uma condenação, pois não é possível determinar com precisão como os conteúdos influenciam os eleitores, nem calcular quantas pessoas teriam sido atingidas por essas mensagens, divulgadas velozmente em grupos compostos por dezenas ou centenas de integrantes. De toda forma, a questão se coloca como um desafio a ser enfrentado pelas democracias diante dessa nova dinâmica das redes sociais, que definitivamente exerce grande influência nas eleições.

AVANÇOS E LIMITAÇÕES DE UM PROCESSO EM CONSTRUÇÃO

As discussões sobre a origem das verbas que financiam as campanhas e sobre o uso desse dinheiro demonstram que o processo eleitoral, assim como os demais elementos que compõem nossa democracia, estão em constante construção. Esses ajustes e mudanças garantem que o funcionamento das eleições esteja em sintonia com seu tempo, acompanhando as mudanças históricas e as demandas da sociedade.

Pesquisadores como Bruno Carazza defendem que, embora o financiamento público seja importante, seria fundamental viabilizar formas mais eficazes de doação, para que o eleitor pudesse se aproximar de seus representantes e cobrar mais de perto sua pauta. Essa medida desoneraria os cofres públicos, e o valor do fundo poderia ser destinado a outras áreas como saúde e educação.

É preciso ainda aprimorar as regras de distribuição de recursos dentro dos próprios partidos, para que a distribuição das verbas não fique à mercê de alguns poucos dirigentes poderosos e privilegiados, dificultando a renovação política e a ascensão de novos candidatos. Em 2018, por exemplo, os deputados brancos e homens que buscaram a reeleição receberam, em média, 22 vezes mais dinheiro do que candidatas novatas e negras, em mais uma prova de que nossos representantes estão muito distantes da configuração populacional do país.

Felizmente as eleições municipais de 2020 trouxeram bons resultados, com um aumento expressivo da importância da pauta feminista, antirracista e dos direitos LGBTQIA+ nas candidaturas, sobretudo nas grandes cidades e em legendas de esquerda. No campo político mais amplo, essa é uma tendência nos últimos anos, quando essas discussões começaram a ganhar força no debate público, no interior de alguns partidos políticos, na mídia, na universidade e em grande parte dos espaços da esfera pública.

Entre as candidatas a vereadora de São Paulo na eleição de 2020, por exemplo, a mais votada foi Erika Hilton, do PSOL. Hilton é uma mulher trans, negra, periférica e muito engajada nos direitos das mulheres negras e trans. Trata-se da primeira mulher trans eleita para a Câmara Municipal da maior cidade do Brasil. Outras três vereadoras negras foram eleitas em São Paulo — o que é um fato muito significativo, pois desde 2008 nenhuma mulher negra havia sido eleita para a Câmara Municipal. Já em Belo Horizonte, Duda Salabert, mulher trans, do PDT, foi a vereadora mais votada da história da cidade.

No total do país, contudo, o avanço ainda é lento. Apenas 16% das vagas nos legislativos municipais são ocupadas por mulheres, um pequeno aumento diante dos 13,5% de vereadoras eleitas em 2016. A situação ainda é pior quando olhamos para as prefeituras: apenas 12% das cidades brasileiras são administradas por prefeitas em 2021, e apenas uma capital estadual: Palmas, no Tocantins, que elegeu Cinthia Ribeiro, do PSDB. No entanto, é fundamental reconhecer os avanços conquistados nos últimos anos para garantir uma ampla representatividade do Brasil em sua classe política e o consequente fortalecimento de nossa democracia.

8.
QUAL O PAPEL DOS ELEITORES NO PROCESSO DEMOCRÁTICO?

ELEIÇÕES: INSTRUMENTO FUNDAMENTAL NAS DEMOCRACIAS

Não obstante eleições não definirem o que seja uma democracia, o processo eleitoral é tão central para seu funcionamento que alguns estudiosos passaram a vê-las praticamente como sinônimos. Joseph Schumpeter, um dos mais importantes pensadores da democracia no século XX, se opunha à ideia de que as eleições seriam uma espécie de mecanismo social a partir do qual os cidadãos buscariam o bem comum.

Na verdade, ele tinha uma visão bastante pessimista sobre os eleitores e acreditava que a maioria deles conhecia muito pouco sobre os temas que afetavam a vida da sociedade e também não se interessava muito por eles. Para Schumpeter, as eleições eram um mecanismo de disputa entre líderes políticos, ou apenas um processo de seleção de lideranças para ocupar o poder. Essas lideranças seriam as responsáveis por definir agendas mais amplas, e até mesmo estabelecer diretrizes de comunicação para os eleitores de modo a conseguir uma maioria de votos.

Ele não estava sozinho. Na verdade, boa parte dos analistas políticos ao longo do último século formulou ou concordou com alguma versão desse modelo minimalista de democracia, como se a democracia fosse apenas um conjunto de regras que permitissem a participação periódica, e talvez simbólica, da população. Jason Brennan e outros autores dessa linha chegam mesmo a dizer que o desinteresse do eleitor por temas políticos, sociais e econômicos seria positivo, uma vez que deixaria a discussão a cargo de profissionais, técnicos, especialistas e até dos políticos experientes.

Bem, como você já deve imaginar, eu não compartilho dessa perspectiva, pois para mim a democracia, menos que um mecanismo de formação de governos, é um conjunto amplo de instituições e processos que incorporam a cidadania e a cultura política da tolerância, do diálogo e do convívio com a diferença. Mesmo assim, não há dúvida de que essa visão de Schumpeter sinaliza um ponto incontornável: o pleito é o elemento central em uma democracia representativa. Por isso, é fundamental entender como e por que os eleitores escolhem seus candidatos.

AS ELEIÇÕES NOS SISTEMAS PRESIDENCIALISTA E PARLAMENTARISTA

A maneira como o eleitor participa por meio do voto e o processo de formação dos governos dependem do sistema político adotado em cada país: presidencialismo ou parlamentarismo. Tanto em um como em outro, a organização dessa estrutura tem a ver com as relações entre os poderes, sendo que num regime democrático deve haver uma separação de poderes, de tal modo que nenhum deles concentre poder demais.

No presidencialismo, o presidente é escolhido em eleições gerais autônomas em relação às eleições para o parlamento. Ou seja, os eleitores votam tanto para presidente quanto para seus representantes no parlamento (a Câmara e, quando existe no país, o Senado), em duas votações separadas (ainda que possam acontecer no mesmo dia).

Já no parlamentarismo, os eleitores votam apenas para o representante no parlamento, e o chefe do Executivo é o líder do partido que consegue "formar um governo". Em geral, os parlamentos são "governos de maioria", ou seja, um determinado partido consegue sozinho a maior parte dos assentos da casa, ou faz coalizões com outros partidos para obter apoio da maioria do parlamento. Nesses casos, o líder do partido ou da coalizão é escolhido primeiro-ministro ou chanceler.

Há também os governos minoritários, em que o líder do partido que está tentando formar o governo não consegue obter a maioria dos assentos nem formar coalizões, mas, por contar com o apoio esporádico dos outros partidos, consegue se manter no poder. Independentemente de se o governo é de maioria ou minoria, o cidadão vota apenas para seu representante no Legislativo, e a escolha do chefe de governo será fruto da dinâmica entre as lideranças dos partidos dentro do parlamento. Em alguns casos, quando não se chega a um consenso entre os partidos, podem ser convocadas novas eleições.

Embora o parlamento mais antigo do mundo seja o da Islândia, que existe desde o século X, o mais famoso é o do Reino Unido. A Casa dos Comuns britânica, House of Commons, é o equivalente à nossa Câmara dos Deputados. Foi criada em 1707 e hoje é composta por 650 membros eleitos pelo povo. Se o primeiro-ministro formar um governo e não perder a confiança do parlamento ao longo do mandato, ele se mantém no poder.

Mas essa dinâmica não é exclusiva do parlamento britânico. Em 2018, depois de seis anos de governo, o primeiro-ministro da Espanha Mariano Rajoy (líder do Partido Popular, de orientação conservadora) foi destituído após uma moção de censura apresentada pela oposição. Então o parlamento espanhol nomeou Pedro Sánchez (líder do Partido Socialista Operário Espanhol, de esquerda), que conseguiu congregar apoio para se viabilizar como chefe de governo, e prometeu convocar novas eleições, que aconteceriam no ano seguinte, quando se elegeu enquanto representante do partido.

Não há um consenso sobre qual é o melhor sistema político e, assim como no caso dos Estados unitários e federações, cada um tem suas vantagens e desvantagens e obedece a conjunturas específicas nos diferentes países. Os fatores que levam um país a adotar cada um desses dois sistemas estão relacionados a trajetórias históricas muito particulares. Grande parte dos regimes parlamentaristas se encontra na Europa, no Caribe e ex-colônias do Império britânico, sendo que o presidencialismo é o sistema mais comum no continente americano e grande parte do continente africano.

O sistema presidencialista garante maior autonomia e controle entre os poderes. Caso haja um presidente irresponsável ou autoritário, o parlamento pode impedir que ele avance projetos de lei, que aprove seus orçamentos ou, em casos extremos, pode mesmo proceder com seu impedimento, o impeachment.

Contudo, como no sistema presidencialista o presidente e os membros do parlamento são escolhidos em eleições independentes, é comum que presidentes nem sempre tenham maiorias no parlamento para aprovar suas leis e precisem conquistar votos no Legislativo para conseguir governabilidade. Por isso, é bastante comum que Estados presidencialistas sofram das chamadas "crises de governabilidade", quando são incapazes de aprovar projetos mais ousados ou mais polêmicos por não terem apoio parlamentar. Um exemplo bastante significativo se desenrolou no segundo mandato de Dilma Rousseff, que desde o começo não conseguiu governar em função da crise política que se arrastava com o Congresso, culminando, inclusive, com seu afastamento do cargo.

De modo geral, podemos dizer que os sistemas parlamentaristas tendem a ter maior governabilidade e menor equilíbrio entre Executivo e Legislativo, e os presidencialistas têm mais equilíbrio entre esses poderes, mas menos governabilidade. Isso, no entanto, varia bastante conforme as competências constitucionais de cada chefe do Executivo, dependendo do grau de centralização de cada um dos sistemas de governo.

Nesse sentido, o impeachment é um instrumento importante de controle do Executivo pelo Legislativo. Inventado nos EUA e presente na Constituição de vários países democráticos, inclusive na nossa, esse dispositivo permite que o parlamento afaste um presidente caso este cometa atos ilegais ou inconstitucionais previstos na legislação.

No Brasil, o instrumento é regulado pelos arts. 85 e 86 da Constituição Federal de 1988, enquanto a lei nº 1079 estabelece o tipo de crime e o andamento do processo. E não só presidentes da República estão sujeitos a ser impedidos, mas também governadores, prefeitos, ministros de Estado, ministros do STF e o procurador-geral da República.

O art. 85 prevê que:

> são crimes de responsabilidade os atos do presidente da República que atentem contra a Constituição Federal e, especialmente, contra:

I — a existência da União;

II — o livre exercício do Poder Legislativo, do Poder Judiciário, do Ministério Público e dos Poderes constitucionais das unidades da Federação;

III — o exercício dos direitos políticos, individuais e sociais;

IV — a segurança interna do País;

V — a probidade na administração;

VI — a lei orçamentária;

VII — o cumprimento das leis e das decisões judiciais.

No caso presidencial, qualquer cidadão pode apresentar um requerimento de impeachment à Câmara dos Deputados. O presidente da Câmara, contudo, pode aceitar ou arquivar esses pedidos. Em geral, os pedidos apresentados por representantes eleitos ao lado de membros proeminentes da sociedade civil acabam tendo mais força política. Em caso de admissão, é constituída uma comissão especial com membros de todas as bancadas partidárias, que trata do caso em dez sessões e o encaminha para a votação em plenário, ou seja, por todos os deputados. Para que o processo seja aberto, o plenário precisa formar uma maioria qualificada de 342 votos favoráveis (isto é, pelo menos dois terços do total).

Sendo assim, em caso de crime de responsabilidade, o processo vai para o Senado (em caso de crime comum, o presidente é julgado diretamente pelo STF), onde se constitui uma nova comissão especial para que, em seguida no plenário, se vote pelo afastamento. Se conseguirem maioria simples (metade mais um dos votantes), o presidente é afastado por 180 dias. Com isso, o Senado, em sessão presidida pelo presidente do STF, precisa de dois terços para finalmente aprovar o impeachment.

Na hipótese de afastamento do presidente da República, quem assume o mandato é o vice-presidente. Se o vice também for afastado, o presidente da Câmara assume o governo de forma interina e tem de convocar eleições diretas em noventa dias, caso o afastamento se dê na primeira metade do mandato, ou convocar eleições indiretas no Congresso em trinta dias, caso esteja na segunda metade do mandato. O governante afastado fica com seus direitos políticos cassados temporariamente e não pode concorrer a outros cargos eletivos durante o período determinado (no máximo oito anos).

Após a redemocratização no Brasil, dois presidentes foram afastados por meio desse processo: Fernando Collor de Mello, em 1992, e Dilma Rousseff, em

2016. O primeiro renunciou durante seu julgamento pelo parlamento, mas sofreu impeachment — o processo segue ainda que o mandatário renuncie, de modo que ele arque com as consequências políticas e jurídicas — e teve seus direitos políticos cassados por oito anos; a segunda foi afastada pelo Congresso, mas teve seus direitos políticos preservados pelo STF, o que permitiu que ela concorresse ao Senado por Minas Gerais em 2018.

Outros exemplos conhecidos de impeachment são o do presidente dos EUA Richard Nixon, em 1974, que renunciou ao cargo antes de ser impedido devido ao famoso escândalo de Watergate; o do presidente do Paraguai Fernando Lugo, em 2012; o da presidente da Coreia do Sul Park Geun-hye, em 2017; e o do presidente do Peru Martín Vizcarra, em 2020.

COMO OS ELEITORES DECIDEM EM QUEM VOTAR?

Existe uma concepção bastante distorcida de que apenas eleitores com mais recursos, acesso à informação e renda conseguiriam votar racionalmente, levando em consideração as propostas dos candidatos para escolher aquele que mais se aproxima de seus interesses e visões de mundo. Além de elitista, essa ideia baseia-se num parâmetro questionável para definir se um voto é uma "escolha racional".

Por exemplo: imagine um cidadão muito rico que defende que o governo deve ter um papel ativo na promoção da igualdade de renda e no avanço da justiça social e, portanto, deve adotar políticas que regulem o mercado e taxar a renda de quem ganha mais. Esse eleitor vota em candidatos de partidos à esquerda do espectro político, ajudando a eleger representantes que poderão propor medidas que o afetem na hora de pagar impostos. Pode-se dizer que esse voto é racional ou irracional?

É impossível chegar a um consenso para essa pergunta. Ao votar, muitos eleitores — ricos ou pobres — avaliam suas necessidades e interesses materiais mais imediatos; outros prestam mais atenção ao modo pelo qual esses candidatos lidam com os problemas mais amplos da sociedade, preferindo votar naqueles que têm visões de mundo semelhantes às deles. Há ainda aqueles que votam em candidatos de partidos pelos quais eles têm mais simpatia.

São inúmeros os motivos de escolha dos votos e é praticamente impossível classificá-los como racionais ou irracionais. O que é razoável para alguns pode parecer injustificável para outros. Para a maioria dos eleitores, o voto mobiliza uma série de fatores: interesses pessoais, identificação com o candidato, conforto ou coerção de votar como parentes e amigos, valores pessoais inegociáveis etc.

O importante é que os eleitores tenham o máximo de informações confiáveis à disposição para que possam avaliar cada uma dessas questões. É imprescindível que não haja nenhum tipo de coerção. A compra de voto com dinheiro, bens materiais ou promessas de benefícios futuros é ilegal e pode levar à cassação de uma candidatura ou de um mandato, porque a Constituição prega que o voto tem de ser uma livre manifestação do cidadão.

Embora o "voto de cabresto", que garante acesso aos cargos eletivos mediante compra de votos, tenha sido a prática adotada para definir o voto na República Velha no Brasil, ele deixou resquícios em algumas regiões. Muitas vezes o cidadão em situação de grande vulnerabilidade social ainda se vê exposto a candidatos que querem comprar seu voto, seja por meio de algum benefício material imediato, com promessas de emprego ou outras vantagens futuras. É papel da Justiça Eleitoral fiscalizar esse tipo de abuso de poder e impedir que os candidatos ajam de maneira ilegal durante o processo eleitoral.

PROPAGANDA ELEITORAL GRATUITA NO BRASIL

Uma das estratégias que a legislação eleitoral brasileira encontrou para o cidadão se inteirar sobre os candidatos é o horário eleitoral gratuito no rádio e na TV. Em 1962, foi promulgada a primeira lei que estabelece essa prática, a qual vigorou mesmo durante o período militar, embora com restrições sobre o conteúdo e a apresentação dos candidatos — a Lei Falcão, de 1976, restringia a propaganda eleitoral à apresentação do candidato por um locutor que dizia seu nome, número, partido e breve currículo.

Um dos princípios que regem a propaganda eleitoral é informar os eleitores de forma ampla e gratuita sobre os candidatos, as coligações e as plataformas de cada um deles. A gratuidade é muito importante: nem o eleitor deve pagar para ter acesso a essas informações, nem os candidatos devem comprar espaço no rádio e na TV, o que poderia dar uma vantagem indevida a partidos e candidatos com mais recursos econômicos.

A segunda característica do horário eleitoral é que ele vai ao ar nas semanas anteriores às eleições, quando os candidatos já estão definidos. Os eleitores tendem a decidir o voto exatamente nesse período (muitas vezes isso se dá realmente às vésperas dos pleitos), então esses programas, em tese, podem ser decisivos para determinar o resultado. No entanto, nos últimos anos, essa dinâmica tem operado de forma diferente com a entrada em cena das redes sociais — um assunto que veremos em detalhes mais adiante.

Os candidatos a um cargo do Executivo e os partidos que concorrem a vagas no Legislativo terão acesso a uma parte do horário eleitoral se passarem na cláusula de desempenho eleitoral. Contudo, o tempo de cada candidato ou partido depende do número de cadeiras que a legenda conseguiu na Câmara dos Deputados na eleição anterior. Ou seja, se o partido obteve um número grande de cadeiras, espera-se que ele tenha bastante força na eleição seguinte, já que terá mais tempo de propaganda de rádio e TV. Esses critérios não só evitam que legendas muito minoritárias e radicais ganhem espaço, como de certo modo agem para evitar uma fragmentação ainda maior do sistema partidário brasileiro — e, a médio prazo, estimulam a fusão entre partidos.

OS DEBATES ENTRE CANDIDATOS IMPORTAM?

Outras duas práticas tradicionais nas eleições no Brasil e na maioria dos países democráticos são os debates e os encontros corpo a corpo entre candidatos e eleitores. Tanto um como o outro podem adquirir diferentes graus de importância, dependendo de quem são os candidatos em disputa, do tamanho dos comícios e do estilo da cobertura midiática. É impossível cravar se os confrontos realmente são determinantes para mudar os resultados de uma eleição — ou se conseguem defini-la sozinhos —, mas três ocasiões merecem destaque.

Em 1960, o então vice-presidente norte-americano Richard Nixon, um político republicano experiente, era considerado favorito na disputa à presidência contra o senador democrata John Kennedy, mais jovem e menos conhecido. Os dois políticos protagonizaram aquele que ficou conhecido como o primeiro grande debate eleitoral da era da televisão — antes, eles aconteciam pelo rádio —, e muitos analistas argumentam que a vitória de Kennedy se deveu a seu desempenho excepcional contra Nixon. Outros sustentam que Kennedy já era uma figura em ascensão e que o confronto foi parte desse crescimento, mas não o fator único. Não importa: o episódio entrou para a história.

No Brasil, o debate mais significativo aconteceu durante a campanha para o segundo turno das eleições presidenciais de 1989, entre os candidatos Fernando Collor de Mello (PRN) e Luiz Inácio Lula da Silva (PT). Embora haja muita controvérsia em torno desse episódio, muitos comentaristas julgam que a edição do programa que o *Jornal Nacional* da Rede Globo exibiu no dia seguinte beneficiou Collor e o levou à vitória, em prejuízo de Lula.

E, por último, o não comparecimento do candidato Jair Bolsonaro (à época filiado ao PSL) a praticamente todos os debates foi um dos pontos decisivos para a sua vitória nas eleições presidenciais de 2018. O candidato havia participado dos primeiros encontros promovidos pela Band e pela RedeTV!, mas, em razão da facada que recebeu enquanto fazia campanha na cidade de Juiz de Fora, em Minas Gerais, ficou impossibilitado de comparecer aos demais. No entanto, no segundo turno contra o candidato Fernando Haddad (PT), embora já tivesse recebido alta médica e inclusive participasse de outros eventos de campanha, Bolsonaro se recusou a ir ao debate com o adversário.

Os debates põem à prova a imagem dos candidatos

e sua capacidade de improviso diante das câmeras, mas lhes permitem expor seus pontos de vista e responder a perguntas mais desafiadoras. Após o evento, trechos editados se transformam em material das campanhas eleitorais gratuitas e circulam nas redes sociais — com cortes que podem beneficiar este ou aquele candidato.

A REVOLUÇÃO DA PROPAGANDA NA ERA DAS REDES SOCIAIS

As redes sociais mudaram nosso modo de viver, nosso comportamento e nossa sociabilidade. E trouxeram consequências políticas, uma vez que elas se tornaram uma plataforma fundamental de discussões, compartilhamento de conteúdo e interação que pauta o debate político de todo dia. E, sobretudo a partir da segunda metade da década de 2010, o uso da tecnologia afetou diretamente a dinâmica eleitoral, seja como ferramenta de propaganda dos candidatos, seja como espaço para disseminação das fake news — ou campanhas de desinformação, conteúdos que simulam notícias reais por meio da edição de fotos, vídeos e informações descontextualizadas.

As redes sociais são capazes de incrementar o

acesso à informação, aproximar as pessoas — inclusive governantes e governados — e democratizar a política, na medida em que mais vozes podem se expressar e ser ouvidas. As pessoas conseguem se articular, convocar protestos ou reagir a algum evento político quase instantaneamente. Na prática, isso nem sempre acontece do jeito mais satisfatório: as redes sociais consolidaram espaços segregados, as "bolhas", e favoreceram a desinformação e a polarização política.

O algoritmo da maioria dessas redes privilegia conteúdos que são feitos exclusivamente para o usuário — ele mostra aquilo que o sujeito quer ver, ou ao menos o que ele acha que a pessoa quer ver, para que o consumidor fique por mais tempo na plataforma. Esse modelo de negócios das gigantes da tecnologia funciona porque elas mapeiam as preferências e os gostos dos usuários, adaptando-se e oferecendo uma experiência personalizada para cada perfil. Na prática, o algoritmo apresenta somente aquilo que se aproxima mais da visão de mundo e das preferências de quem está atrás da tela.

Na dimensão política, o algoritmo viciado implica menos tolerância para o contraditório e para a divergência, numa lógica que reforça nossas próprias crenças políticas. É como se estivéssemos o tempo todo conversando só com quem concorda conosco.

Assim, por meio dessas bolhas, as redes sociais recriam ou fortalecem a polarização política, uma vez que fica cada vez mais difícil interagir de maneira construtiva com quem pensa diferente. Basta lembrar dos memes ironizando "coxinhas" e "petralhas", por exemplo. Em boa medida, a rede social acirra esse tipo de embate entre polos opostos.

Outra consequência disso é a radicalização, que pode derivar em extremismo e discursos de ódio. Existem inclusive plataformas muito utilizadas para propagar esse tipo de conteúdo extremista, como os *chans* — fóruns da *deep web* para assuntos diversos, mas que se tornaram espaço fértil para essas discussões, uma vez que o anonimato é garantido. É como se a bolha toda migrasse de uma rede para esse outro espaço, mais seguro para seus propósitos extremistas, onde ela se sente mais à vontade para expressar seus posicionamentos que muitas vezes incitam crimes. Não é difícil que esses discursos de ódio se transformem em ações violentas, ataques a minorias, linchamentos e atentados terroristas. Basta lembrar dos atentados contra manifestantes do movimento Black Lives Matter nos Estados Unidos em 2020, ou do ataque a uma mesquita por radicais supremacistas brancos na Nova Zelândia em 2019.

Uma vez que o usuário entra numa sequência de vídeos extremistas, o algoritmo tende a sugerir mais e mais conteúdos que reforçam essas crenças, sempre em direção a uma radicalização maior. Mesmo grandes plataformas se transformaram em terrenos férteis para esse tipo de postura mais extremada: acadêmicos e jornalistas, como o repórter investigativo do *New York Times* Kevin Roose e um grupo de pesquisadores da UFMG liderado por Manoel Ribeiro, concluíram que o modelo de recomendação de vídeos do YouTube, por meio de seu algoritmo, acaba invariavelmente sugerindo conteúdos extremistas. Isso, por sua vez, impulsiona canais que apresentam esses conteúdos e lhes dão mais público, numa espécie de círculo vicioso: um *rabbit hole*, ou toca do coelho, como essa dinâmica tem sido chamada internacionalmente.

Colaborando para a radicalização e os discursos de ódio propagados nos ambientes digitais, as campanhas de desinformação têm se mostrado um problema cada vez mais grave, que afetou campanhas eleitorais em todo o mundo e ligou o alerta vermelho até mesmo em democracias muito sólidas, como os EUA e o Reino Unido.

O fenômeno tomou os noticiários internacionais em 2018, com o escândalo da Cambridge Analytica, empresa que teria atuado no estudo, formulação e divulgação de notícias falsas pelo Facebook, no contexto do referendo pela saída do Reino Unido da União Europeia, o Brexit, e durante a corrida presidencial entre Hillary Clinton e Donald Trump nos Estados Unidos, ambos em 2016.

A gravidade das fake news vai além do compartilhamento e do disparo em massa dessas "notícias", porque também pode envolver a produção e a curadoria de conteúdo personalizado para cada usuário a partir de dados coletados pelos algoritmos. Na prática, essas campanhas de propaganda hiperpersonalizada conseguem traçar o perfil de cada eleitor, incluindo suas afinidades políticas e ideológicas, mesmo se elas não forem completamente formadas, e oferecem mensagens políticas que vão mobilizar medos, desejos, preconceitos e expectativas de cada um.

A maioria das fake news é deliberadamente falsa e descontextualizada, e se apoia em mentiras específicas e pontos sensíveis que sabem que vão chocar. Um mesmo candidato pode inclusive apresentar mensagens opostas para outro tipo de eleitor... Um estudo do Instituto de Tecnologia de Massachusetts (MIT) mostrou que uma notícia falsa tem 70% mais chances de ser compartilhada do que uma verdadeira, em geral porque é mais apelativa.

O Brasil não ficou fora dessa dinâmica, e o fenômeno da disseminação de informações falsas migrou de plataformas como o Facebook para aplicativos de mensagens como o WhatsApp, ganhando força nas eleições presidenciais de 2018. As fake news atingem as emoções do leitor e costumam ser propagadas por canais tidos como confiáveis, como grupos de familiares, amigos e colegas de trabalho. Justamente por isso, os destinatários se sentem inclinados a acreditar nesses conteúdos, já que tanto a propaganda política quanto os jornais ligados à mídia tradicional são muitas vezes vistos com desconfiança, por supostamente representarem interesses políticos escusos. Em muitos casos, as próprias fake news desmoralizam a atividade da imprensa profissional, atacando jornalistas e veículos das mais diversas maneiras.

Num contexto eleitoral, quando os ânimos tendem a estar mais acirrados, a potência e a gravidade do estrago que as fake news podem provocar são ainda maiores. No caso do Brasil, um exemplo bastante ilustrativo foi o boato de que as urnas eletrônicas seriam alvo de fraudes e favoreceriam determinado candidato. Embora não houvesse provas de falha de segurança, esse tipo de discurso adquiriu proporções graves com o passar dos anos e pôs em xeque a legitimidade e a confiabilidade do processo eleitoral.

Nessa mesma vertente, outro fenômeno que tem tido destaque é a propagação de teorias da conspiração com teor político. Um caso bizarro e preocupante diz respeito ao QAnon, uma teoria estapafúrdia de extrema direita que prega a existência de um plano secreto contra Donald Trump, vinculando seus oponentes a redes de tráfico sexual de crianças. Essas conspirações ultrapassam o ambiente virtual das redes e ocupam espaço na vida real, nos jantares de família, nas conversas com amigos, e passam a influenciar a dinâmica social e política. Nas eleições dos EUA de 2020, por exemplo, uma congressista do estado da Geórgia foi eleita com a bandeira do QAnon.

Os robôs, conhecidos por *bots*, são mais um elemento desse ecossistema virtual. Eles operam na lógica de um exército e atuam para influenciar opiniões pessoais, uma vez que o enorme volume de postagens dá visibilidade às posições que lhes interessam. Seus objetivos incluem o arrebanhamento de seguidores, a difamação de oponentes e a criação de discussões artificiais, pautando o debate público por meio do bombardeamento de hashtags, por exemplo.

Então deveríamos abandonar por completo a política nas redes sociais? De jeito nenhum. Existem conteúdos de qualidade, movimentos e organizações que fazem trabalhos sérios de informação, educação política e reivindicação nas mais diversas plataformas. Contudo, o atual cenário tem mostrado que forças antidemocráticas conseguem usar essas plataformas com eficácia para disseminar ódio, radicalismo e promover a fragilização de regimes democráticos.

Afinal, como coibir a disseminação de fake news, sobretudo durante as eleições? Como vetar usos ilegítimos de dados pessoais pelos candidatos? Como impedir a disseminação que desestabiliza o próprio processo eleitoral? Até agora nenhuma democracia conseguiu dar respostas definitivas para essas questões, o que exige que nós, como cidadãos, prestemos atenção redobrada para não sermos vítimas de manipulação nem colaborarmos com essas práticas.

COMO EU POSSO ME INFORMAR MELHOR?

Há ações em diversas frentes que buscam aprimorar e regulamentar o uso das redes sociais. Por parte da imprensa, agências e equipes de *fact-checking* trabalham confirmando ou desmentindo os boatos em circulação. As empresas de mídia e tecnologia, por sua vez, têm adotado uma postura mais incisiva para barrar a circulação de notícias comprovadamente falsas, como falas negacionistas a respeito da pandemia de covid-19 feitas por Donald Trump e Jair Bolsonaro em 2020, censuradas pelo Twitter e por veículos de comunicação. Já no âmbito político, projetos de leis estão sendo discutidos e votados com o objetivo de tentar fechar o cerco contra a desinformação e o discurso de ódio.

Na ínfima parte que nos toca, podemos elaborar estratégias para promover a leitura crítica e ativa da realidade. Antes de tudo, precisamos estar sempre cientes de que todos nós temos uma série de vieses, tendemos a repetir comportamentos que em geral afetam o modo como reagimos às informações que recebemos. Um deles é o viés de confirmação: costumamos concordar e valorizar notícias que reforçam nossas posições e nossas visões, e desprezar aquelas que nos tiram de nossa zona de conforto.

O segundo comportamento viciado é a tendência a calcular que sabemos mais do que sabemos sobre determinado assunto, o que nos induz a desconsiderar a complexidade de qualquer tema político de relevância e a nos prender ainda mais a posturas políticas que nos chegam prontas. Quanto mais estudamos um assunto, mais temos consciência de que não sabemos tudo sobre ele. Não devemos passar batido por aquelas discussões que a princípio parecem óbvias, porque talvez estejamos sendo exageradamente confiantes a respeito delas.

Tendemos ainda a buscar pertencimento a grupos, ou seja, aceitar e reforçar as opiniões que circulam em nosso círculo mais próximo, o que nos cega para outras possibilidades e perspectivas que podem complexificar nossas opiniões e percepções.

Portanto, é bom ficar atento e fazer uma autocrítica, procurando detectar se não estamos só buscando reforçar nossas crenças ou agradar o grupo que está à nossa volta. Desenvolver essa autocrítica e esse espírito de vigilância com relação aos nossos vieses não é fácil. Ao contrário, exige uma disposição corajosa em reconhecer ignorâncias, dúvidas, e se abrir para outras fontes que não aquelas que costumamos consumir.

Uma boa recomendação é sempre consultar mais de uma fonte quando o tema é difícil ou polêmico. Quando confrontados com assuntos de grande complexidade, nossa tendência é buscar pessoas em quem confiamos e transferir a elas a responsabilidade de elaborar nossas opiniões. Não há nada de errado em ouvir analistas, comentaristas, ou mesmo professores, amigos e parentes de confiança sobre temas políticos complexos. Ao contrário, é útil ter no radar pessoas em que confiamos e a quem geralmente recorremos, seja por sua trajetória, seja pelo conhecimento que detêm, seja por esperarmos que elas não vão repassar notícias falsas, dado seu histórico de compromisso com a verdade.

No entanto, é impossível ter certeza do que há por trás desses pontos de vista, se estão deixando de considerar aspectos relevantes desses assuntos ou apenas reafirmando determinadas opiniões. Assim, embora a ajuda dessas pessoas tenha peso, a palavra final não será necessariamente delas.

Informar-se com qualidade também implica valorizar o jornalismo profissional, acompanhando veículos reconhecidos por sua ética e credibilidade. Eles fazem uma mediação qualificada entre o leitor e o fato, e são instrumentos fundamentais de validação das notícias. Quando lemos uma notícia e achamos que vale repassar, é bom checar se veio de uma fonte confiável, de veículos que ao longo das décadas construíram sua reputação, ainda que não sem erros e contradições. O leitor sabe que ali existe veracidade e confia no que está sendo dito. Isso vale tanto para TV, rádio, jornal impresso ou portal de internet.

As notícias são produzidas por jornalistas sérios, que têm relação de confiança com muitas "fontes quentes" que estão por dentro do assunto do momento. Esses profissionais fazem uma apuração rigorosa, conferindo todos os fatos antes de publicar, o que dá credibilidade ao que veiculam. E, num cenário ideal, o leitor, ouvinte ou espectador vai fazer o próprio julgamento a respeito daquilo que foi noticiado.

Não é por acaso que muitos jornalistas são perseguidos, presos ou mortos no exercício de sua função por incomodar os poderosos dos países em que vivem. Portanto, é fundamental defender a liberdade de imprensa e a democratização da mídia profissional, para que mais vozes informem a sociedade com qualidade.

Mesmo com notícias confiáveis e conversas com outras pessoas, no fim nossa opinião a respeito de determinado assunto depende de nosso próprio senso crítico. Se sabemos onde buscar informação de qualidade, assimilamos o que foi dito, refletimos sobre o tema e eventualmente debatemos com alguém, somos capazes de construir nossa opinião com autonomia e embasamento.

Por último, o especialista em *fact-checking* Maarten Schenk oferece algumas dicas para nos guiarmos no dia a dia, garantindo um compartilhamento de conteúdo de melhor qualidade.

Se você não está seguro sobre uma informação, não passe adiante, não dê like e não comente, pois são procedimentos que estimulam a circulação desses conteúdos. Quando curtimos, comentamos ou passamos adiante notícias duvidosas, contribuímos para que elas ganhem mais relevância do que deveriam ter.

Procure no Google ou outras ferramentas de busca. Sites como Aos Fatos, Agência Lupa, boatos.org e e-farsas são algumas das páginas dedicadas a checar as informações e analisar os boatos que circulam na internet.

Se você sabe que uma notícia é falsa, evite comentar ou mesmo usar emojis de raiva e desaprovação. Sua reação sinaliza para as plataformas que determinado conteúdo gera engajamento e assim o impulsiona ainda mais nas redes. Em vez de comentar, use as ferramentas de denúncia.

Leia o artigo inteiro antes de passar adiante. Repare se o site está cheio de propaganda, se os textos contêm erros de português e se o tom do texto é emotivo e sensacionalista. Em geral são pistas que indicam tratar-se de um conteúdo de má qualidade. E, claro, procure as fontes primárias! O artigo menciona uma pesquisa? Acesse a pesquisa, avalie a metodologia. Busque a fonte original dos dados e, assim, vá construindo uma relação de confiança com autores e veículos.

Hoje muita notícia circula pelas correntes de WhatsApp. Essas são especialmente complicadas, já que é muito fácil falsificar a autoria e a origem da informação. Recebeu aquela notícia escandalosa no grupo da família? Faça o checklist completo: a informação tem link? Ele funciona ou está "quebrado"? A notícia foi publicada em um portal conhecido? É assinada por alguém conhecido, tem erros gramaticais? Recorre ao nome de especialistas como médicos ou juristas famosos para dar veracidade a uma informação? Ao final, vem algum pedido do tipo "Vamos compartilhar isso! Todos devem saber desse absurdo!"? Tudo indica que você está diante de um belo exemplo de fake news.

Esse tipo de apelo é muito comum e serve de armadilha, engambelando até mesmo pessoas de boa-fé. Na verdade, se uma notícia deixar você muito bravo, triste ou indignado, cuidado! Isso é o que os especialistas chamam de gatilho. É um truque muito empregado para que determinada notícia nos fisgue de tal maneira que paramos de raciocinar sobre ela. As fake news são desenhadas justamente para que possamos compartilhar e comentar com nossos amigos antes mesmo de pensar se uma notícia daquelas faz, de fato, sentido. Lembrem-se: menos emoção e mais razão!

Em tempos de polarização, devemos tentar encontrar canais em que opiniões diferentes sejam debatidas, ambientes de verdadeira troca, de modo que o conflito de ideias e posições seja embasado no respeito mútuo, na empatia e na escuta. Temos que cobrar soluções das instituições e dos atores que lidam com esse tema, mas, como indivíduos, nós também somos responsáveis e devemos nos engajar na construção de uma sociedade justa e humana, onde a mentira jamais prevaleça.

9.
COMO PARTICIPAR DA POLÍTICA ALÉM DAS ELEIÇÕES?

O PODER EMANA DO POVO!

A democracia nunca está completamente pronta e finalizada. Ela exige um trabalho constante de todos nós. O mundo, o modo como nos relacionamos, a economia e a tecnologia estão em constante metamorfose e, por isso, o universo das leis, dos direitos e da política está sempre se transformando e se aperfeiçoando.

A política acontece em muitos lugares, de diferentes formas. Analisamos as dimensões institucionais da democracia representativa, com especial atenção para o caso brasileiro: o funcionamento das eleições, os partidos, a divisão de poderes, atribuições de responsabilidades, limites ao exercício do poder, entre tantas outras características fundamentais de nosso sistema político. A vigência de eleições no processo democrático, bem como o papel dos representantes eleitos, dos partidos, dos juízes e da mídia, são de importância capital.

No entanto, quando os cidadãos perdem a confiança nas elites políticas, nos partidos, nos meios de comunicação e até nas instituições democráticas, é a própria democracia que sofre. Se o poder emana do povo, como diz nossa Constituição, o que sustenta um sistema político é o processo contínuo de legitimação das instituições e dos representantes. E esse processo não pode ser vivido apenas de quatro em quatro anos: ele precisa ser parte do dia a dia dos cidadãos.

O filósofo francês Claude Lefort insistiu que o princípio basilar da democracia é que ela *não tem centro*. Ou seja, a democracia só merece esse nome se ela encontra espalhadas por toda a sociedade suas bases de legitimidade, sua energia, seu coração e sua produção de discursos e de ações. Na verdade, essa é uma ideia bastante clássica: política é a arte de viver junto na pólis, ou seja, na esfera pública, entre cidadãos. E cidadãos vivem vidas diferentes e partilham de valores diversos.

Quando uma sociedade perde de vista esse conceito e passa a viver apenas como a soma de vidas individuais, a democracia corre perigo. Essa perda da dimensão coletiva da vida em sociedade e da percepção do valor das práticas e instituições democráticas pode ser consequência de uma série de crises, da corrupção e de muitas injustiças. Esse parece ser o caso do Brasil nos últimos anos, e a dedicação dos cidadãos, seja por suas ações individuais, seja por sua participação em iniciativas coletivas, é indispensável para a construção de nossa democracia.

Nunca é demais repetir: a democracia exige constante reinvenção. Em 2008, a economia da Islândia, um país rico e de alto desenvolvimento humano, sofreu enormemente na esteira da crise financeira global. As pessoas foram às ruas, derrubaram o primeiro-ministro e forçaram a criação de um processo constituinte para conferir mais poder aos cidadãos. Esse foi um dos primeiros casos de constituinte que começou com um amplo processo de consulta e elaboração de propostas on-line. Corta para 2019. Um imenso número de chilenos foram às ruas protestar contra a crescente desigualdade do país e exigir uma ampliação dos direitos garantidos pelo Estado. Convocou-se um plebiscito para deliberar se seria aberto um processo constituinte para substituir a Constituição de 1980, aprovada durante o governo autoritário do general Augusto Pinochet. Nas urnas, em 2020, o povo chileno decidiu que queria uma nova Constituição. Esses são apenas dois exemplos de que a democracia tem de se renovar sempre para acompanhar as transformações das sociedades.

COMO PODEMOS INSERIR A POLÍTICA NO COTIDIANO?

O filósofo norte-americano John Dewey, teórico da educação e da democracia, dizia que esta dependia da "confiança no trabalho cotidiano com o outro". Ou seja, a democracia não seria apenas um sistema de escolha de líderes, um conjunto diminuto de instituições a garantir a possibilidade da alternância do poder: ela penetraria e se sustentaria em nosso cotidiano e em nossa mentalidade.

Etimologicamente, "confiar" vem de "crer junto", "ter fé conjunta". A democracia é também um estado mental e espiritual, uma forma de se relacionar e de se sentir tocado, se sentir afetado por essa possibilidade de construir alguma coisa como sociedade e país. Confiar em alguém — ou em uma coletividade, uma instituição — sempre envolve certo conhecimento prévio dessa relação, além de um forte elemento de aposta no futuro.

A confiança está no "trabalho cotidiano": a democracia está presente em nosso modo de vida, em nossas relações cotidianas, com pessoas próximas e distantes. Ela se expressa em nosso discurso, nas palavras que usamos, na maneira como resolvemos pequenos conflitos e cuidamos uns dos outros. É claro que ela dá trabalho! Exige esforço em construir pontes, negociar diferenças de perspectivas e visões de mundo, tratar de interesses divergentes e até mesmo aprender a lidar com indivíduos que professam valores antidemocráticos.

Essa confiança é no trabalho cotidiano com "o outro", um conceito que de antemão evoca a diferença, o contraste, a diversidade e a disputa. Não existe democracia entre indivíduos exatamente iguais. Ela incorpora as diferenças de gênero, raça, classe social, crenças religiosas, posicionamento político, e sempre envolverá conflito. Sem conflito não há democracia, pois só os regimes autoritários reprimem os impasses políticos e tentam impor uma visão única. A questão é como lidamos com o contraditório: se tratamos aqueles que pensam diferente de nós como adversários políticos com quem podemos debater e discutir, ou como inimigos a serem destruídos. Por mais difícil que seja mudar esse hábito, a democracia não pode operar pela lógica amigo-inimigo.

Mas como realmente incorporar esses princípios? Na maioria das situações, sobretudo quando vivemos uma polarização e uma radicalização política tão acirradas como hoje, conviver com pessoas que pensam radicalmente diferente é, de fato, muito difícil. Mesmo assim, precisamos pensar em alternativas para aplicar os ideais democráticos em nossa vida, nos espaços que frequentamos, nas redes sociais.

O ponto de partida é se esforçar para se informar sobre o que se passa em nosso bairro, em nossa cidade, estado, país, e em relação às grandes questões que afetam a humanidade. Sem informação de qualidade e boa dose de reflexão, a chance de sermos enganados e manipulados é imensa. A imprensa, por sua vez, deve ser livre para averiguar os fatos, esclarecer pontos fundamentais para a vida em sociedade e fiscalizar os representantes, ajudando os cidadãos a fazer valer seus direitos.

Precisamos refletir e debater sobre os temas que afetam diretamente cada um de nós e nossa comunidade. Isso pode favorecer um engajamento mais ativo em nosso bairro, na cidade ou no local de trabalho. Vale a pena se inteirar de associações, rádios comunitárias e jornais que lidam diretamente com as questões da comunidade e lutam pelos direitos dos moradores. Em nossa cidade, podemos nos engajar em conselhos participativos, ficar de olho na agenda da Câmara de Vereadores, apoiar organizações que reivindicam posturas que julgamos positivas. Esse engajamento pode acontecer na escola e na faculdade — boa parte delas tem grêmios, centros acadêmicos, coletivos, jornais — e no trabalho, ao integrarmos sindicatos, comissões e outras organizações de representação. E, claro, por meio do ativismo digital.

Outro caminho é pesquisar os canais de contato com nossos representantes eleitos e as possibilidades de atuação direta nas decisões políticas. Existem muitos conselhos participativos em todos os níveis da federação, órgãos compostos por cidadãos, representantes da sociedade civil e do poder público que definem diretrizes e acompanham a implementação de políticas públicas. Por incrível que pareça, o Brasil é conhecido internacionalmente pelo grande número de canais participativos para que o cidadão influencie na formulação de políticas nas mais diversas áreas: educação, saúde, bem-estar de crianças e adolescentes etc.

Se quisermos criar uma democracia dinâmica, moderna e com credibilidade, é indispensável valorizar esses espaços e zelar para que eles não sejam extintos. A participação e a representação são os pilares que sustentam a ideia de que a democracia emerge do povo.

ZELANDO POR NOSSOS DIREITOS

É justamente pela participação ativa que podemos zelar pelos direitos previstos na Constituição, o mais importante documento que estabelece um marco institucional e um horizonte de direitos aos cidadãos, além de estipular os princípios gerais de funcionamento do Estado, como igualdade perante as leis e respeito aos direitos fundamentais.

Ainda que com falhas, muitos juristas consideram a Constituição brasileira bastante avançada quanto aos direitos assegurados e ao funcionamento institucional do Estado. A Constituição de 1988 foi chamada Constituição Cidadã por incorporar uma ampla gama de direitos civis, políticos e sociais, mesmo quando comparada a algumas das constituições de sociedades com democracias mais consolidadas e níveis mais altos de desenvolvimento social. Ela estabeleceu a criação de um Sistema Único de Saúde (SUS), universal e gratuito, de dimensões praticamente incomparáveis no mundo; garantiu um salário mínimo que deveria assegurar a dignidade dos cidadãos em todas as esferas da vida e estabeleceu a "função social da propriedade". Esses princípios e direitos foram incluídos graças à imensa pressão da sociedade civil organizada, como sindicatos, advogados, intelectuais e movimentos sociais, junto aos deputados constituintes.

A Assembleia Constituinte que redigiu o texto de 1988 decidiu elencar vários direitos e princípios constitucionais que regem diversos aspectos da vida social, econômica e política no país, de modo que nossa Constituição segue um princípio maximalista. Em vez de deixar que vários assuntos fossem regulados por legislações aprovadas posteriormente, os constituintes brasileiros optaram por um texto constitucional encorpado, apontando para um horizonte amplo de direitos. Isso se deu em grande medida por ela ter sido criada no fim de uma ditadura civil-militar, quando a sociedade se organizava havia uma década pedindo por direitos. Havia muitos conflitos, lobbies e grupos de interesse que pressionaram pela presença dessas garantias de direitos no texto constitucional.

Movimentos de ativistas e profissionais da área da saúde se organizaram e exigiram a criação de um sistema universal de saúde. Outros interesses organizados, como aqueles associados aos militares e a forças policiais, conseguiram fazer com que o texto determinasse a manutenção de uma polícia militar estadual e a não reversão da Lei de Anistia de 1979, que concedia o perdão a todos os indivíduos que tivessem cometido crimes políticos entre 1961 e 1979 — inclusive militares responsáveis pela tortura e assassinatos que marcaram a ditadura militar brasileira. Assim, a Constituição Federal de 1988 é resultado ao mesmo tempo de uma ampla capacidade de organização da sociedade civil em torno de pautas democratizantes e de uma ampla gama de direitos; mas ela também carrega em si as marcas de acordos com forças políticas associadas a momentos de profundo autoritarismo em nossa história política recente.

É evidente que, apesar de todos os mecanismos institucionais — como o papel do STF na avaliação da constitucionalidade de leis e atos das três esferas do poder —, a conquista total dos direitos assegurados na Constituição, na prática, ainda está longe da realidade. Somos uma das sociedades mais desiguais do mundo; o SUS ainda requer inúmeros avanços; o salário mínimo é insuficiente; o saneamento básico contempla apenas 50% das moradias do país; nossa polícia é uma das mais violentas do mundo; as pessoas negras ainda sofrem com o racismo estrutural.

Além desses problemas estruturais que demandam décadas de trabalho para serem mitigados, assistimos a retrocessos no funcionamento de nossa democracia: restrições de direitos sociais, falta de compromisso das autoridades com valores e práticas democráticas, propagação de discursos de ódio, polarização violenta dos debates políticos, magistrados que sistematicamente atentam contra o Estado Democrático de Direito.

A democracia é um sistema complexo, trabalhoso e imperfeito. Mas é o melhor caminho para construir sociedades mais prósperas, criativas, justas e fraternas. Nela, não existem soluções mágicas nem seres redentores que vão extirpar o mal pela raiz. Ela é elaborada todos os dias, seja pelo trabalho de indivíduos dedicados a ocupar as instituições do sistema político, seja por cidadãos críticos, ativos e dispostos a assumir a responsabilidade por essa edificação conjunta.

Cada um de nós precisa se ver como um agente ativo na esfera pública, na demanda por direitos e na discussão sobre os caminhos que devemos tomar como sociedade. E para isso é fundamental continuar participando desse processo de construção da cidadania ao longo da vida, convidando pessoas do entorno a se interessar mais pelos temas que afetam todas as dimensões de nossa vida individual e coletiva.

PARA SABER MAIS

1. ESTADO E POLÍTICA: POR QUE É IMPORTANTE
CONHECER? [pp. 13-43]

BIBLIOGRAFIA:

ABRUCIO, Fernando Luiz; TEIXEIRA, Marco Antonio Carvalho. "Formação para uma boa administração pública faz diferença". *Folha de S.Paulo*, 3 jun. 2020. Disponível em: <https://www1.folha.uol.com.br/opiniao/2020/06/formacao-para-uma-boa-administracao-publica-faz-diferenca.shtml>.

CÂMARA DOS DEPUTADOS. *Símbolos nacionais*. Brasília: Câmara dos Deputados, Edições Câmara, 2009. (Série Cadernos do Museu, n. 9). Disponível em: <https://bd.camara.leg.br/bd/handle/bdcamara/3823>.

CHARLEAUX, João Paulo. "Por que fazer política mesmo sem ser político, segundo estes dois pesquisadores". *Nexo Jornal*, 7 jul. 2017. Disponível em: <https://www.nexojornal.com.br/expresso/2017/07/07/Por-que-fazer-pol%C3%ADtica-mesmo-sem-ser-pol%C3%ADtico-segundo-estes-2-pesquisadores>.

GOZZI, Gustavo. Verbete "Estado contemporâneo". In: BOBBIO, Norberto; MATTEUCCI, Nicola; PASQUINO, Gianfranco. *Dicionário de política*: A a Z. 11. ed. Brasília: Editora UnB, 1998.

RIBEIRO, Renato Janine. *A boa política: Ensaios sobre a democracia na era da internet*. São Paulo: Companhia das Letras, 2017.

SCHÜLER, Fernando; PEDREIRA, Beatriz. "A ação política do dia a dia, para além dos partidos". *Nexo Jornal*, 9 set. 2018. Podcast disponível em: <https://www.youtube.com/watch?v=nVV-KETbVstA&list=PLAE4zdwPT_XPYZqKj7vUP70WhjGBt--T51&index=12>.

SINGER, André; ARAUJO, Cicero; BELINELLI, Leonardo. *Estado e democracia: Uma introdução ao estudo da política*. Rio de Janeiro: Zahar, 2021.

WEBER, Max. "Os fundamentos da organização burocrática: uma construção do tipo ideal". In: CAMPOS, Edmundo (Org.). *Sociologia da burocracia*. 4. ed. Rio de Janeiro: Zahar, 1978. pp. 15-28.

FILMES E SÉRIES:

Lincoln (2012). Direção de Steven Spielberg. Estados Unidos, 150 minutos.

O processo (*The Trial*, 1962). Direção de Orson Welles. França; Itália; Alemanha Ocidental, 119 minutos.

2. O QUE É UMA REPÚBLICA FEDERATIVA? [pp. 45-67]

BIBLIOGRAFIA:

ABRUCIO, Fernando Luiz. "A formação do federalismo brasileiro". In: _____. *Os barões da federação: Os governadores e a redemocratização brasileira*. São Paulo: Hucitec, 2002.

ARRETCHE, Marta. "Relações federativas nas políticas sociais". *Educação e Sociedade*, v. 23, n. 80, 2002. Disponível em: <https://www.

scielo.br/scielo.php?pid=S0101-73302002008000003&script=s-ci_abstract&tlng=pt>.

BOBBIO, Norberto; MATTEUCCI, Nicola; PASQUINO, Gianfranco. *Dicionário de política*, v. 2. São Paulo: Imprensa Oficial; Brasília: Editora UnB, 2004.

DALLARI, Dalmo de Abreu. *O Estado Federal*. 2. ed. São Paulo: Saraiva, 2019.

FILMES E SÉRIES:

Guerra de Canudos (1996). Direção de Sergio Rezende. Brasil, 170 minutos.

Um estado de liberdade (*Free State of Jones*, 2016). Direção de Gary Ross. Estados Unidos, 139 minutos.

3. AUTORITARISMO E DEMOCRACIA: QUAIS AS DIFERENÇAS? [pp. 69-93]

BIBLIOGRAFIA:

DAHL, Robert A. *Sobre a democracia*. 2. ed. Brasília: Editora UnB, 2016.

ECO, Umberto. *O fascismo eterno*. Rio de Janeiro: Record, 2018.

LEVITSKY, Steven; ZIBLATT, Daniel. *Como as democracias morrem*. Rio de Janeiro: Zahar, 2018.

MOUNK, Yascha. *O povo contra a democracia: Por que nossa liberdade corre perigo e como salvá-la*. São Paulo: Companhia das Letras, 2019.

REIS, Patrícia. "Despotismo e República". In: SCHWARCZ, Lilia M.; STARLING, Heloisa M. (Orgs.). *Dicionário da República: 51 textos críticos*. São Paulo: Companhia das Letras, 2019.

RUNCIMAN, David. *Como a democracia chega ao fim*. São Paulo: Todavia, 2018.

SCHWARCZ, Lilia M. *Sobre o autoritarismo brasileiro*. São Paulo: Companhia das Letras, 2019.

SNYDER, Timothy. *Sobre a tirania: Vinte lições tiradas do século XX*. São Paulo: Companhia das Letras, 2017.

TOCQUEVILLE, Alexis de. "A democracia na América". In: WEFFORT, Francisco Correa (Org.). *Os clássicos da política: Burke, Kant, Hegel, Tocqueville, Stuart Mill, Marx*, v. 2. 10. ed. São Paulo: Ática, 2002. pp. 161-82.

FILMES E SÉRIES:

A batalha do Chile (*La batalla de Chile: La lucha de un pueblo sin armas*, 1975-9). Documentário em três partes de Patricio Guzmán. Chile, 265 minutos.

Adeus, Lênin! (*Good Bye, Lenin!*, 2003). Direção de Wolfgang Becker. Alemanha, 121 minutos.

A queda (*Der Untergang*, 2004). Direção de Oliver Hirschbiegel. Alemanha, 156 minutos.

Sob o sol (*V luchakh solntsa*, 2015). Direção de Vitaly Mansky. Coreia do Norte, 106 minutos.

4. EXECUTIVO, LEGISLATIVO E JUDICIÁRIO: O QUE FAZ CADA UM DELES? [pp. 95-132]

BIBLIOGRAFIA:

DALLARI, Dalmo de Abreu. *Elementos de teoria geral do Estado*. 33. ed. São Paulo: Saraiva, 2015.

RECONDO Felipe; WEBER, Luiz. *Os Onze: O STF, seus bastidores e suas crises*. São Paulo: Companhia das Letras, 2019.

VILHENA, Oscar. *A batalha dos poderes: Da transição democrática ao mal-estar constitucional*. São Paulo: Companhia das Letras, 2018.

_____. "Democracia e a 'Batalha dos Poderes'". *Nexo Jornal*, 17 jan. 2019. Entrevista disponível em: <https://www.youtube.com/watch?v=wSZPf9NtyzY&list=PLAE4zdwPT_XNWI-yH3rlI9NNfsGzhOVlI9&index=2&t=0s>.

WERNECK VIANNA, Luiz. *A democracia e os três poderes no Brasil*. Belo Horizonte: Editora UFMG, 2002.

FILMES E SÉRIES:

Borgen (2010-). Série de Adam Price. Dinamarca, 58 minutos.

Designated Survivor (2016-9). Série de David Guggenheim. Estados Unidos, 60 minutos (Netflix).

House of Cards (2013-8). Série de Beau Willimon. Estados Unidos, 51 minutos (Netflix).

The Crown (2016-). Série de Peter Morgan. Reino Unido, 58 minutos (Netflix).

Versailles (2015-8). Série de Simon Mirren e David Wolstencroft. França e Canadá, 52 minutos (Netflix).

5. PARA QUE SERVEM OS PARTIDOS? [pp. 133-49]

BIBLIOGRAFIA:

GOMES, José Jairo. *Direito eleitoral*. 12. ed. São Paulo: Atlas, 2016. pp. 143-51.

NEXO JORNAL. "A genealogia e o perfil dos partidos brasileiros". Disponí-

vel em: <https://www.nexojornal.com.br/especial/2018/07/16/A-
-genealogia-e-o-perfil-dos-partidos-brasileiros>.

NOBRE, Marcos. *Imobilismo em movimento: Da abertura democrática
ao governo Dilma*. São Paulo: Companhia das Letras, 2013.

POLITIZE! "Os 35 partidos políticos brasileiros". 28 mar. 2018. Disponível em: <http://web.archive.org/web/20180328191640/
http://www.politize.com.br/wp-content/uploads/2016/08/
eBook-35-partidos-politicos-brasileiros.pdf>. Acesso em: 28
mar. 2018.

TAROUCO, Gabriela da Silva; MADEIRA, Rafael Machado. "Esquerda e
direita no sistema partidário brasileiro: Análise de conteúdo de
documentos programáticos". *Revista Debates*, Porto Alegre, v. 7,
n. 2, pp. 93-114, 2013. Disponível em: <http://bibliotecadigital.
tse.jus.br/xmlui/handle/bdtse/2909>. Acesso em: 8 jun. 2020.

FILMES E SÉRIES:

O processo (*The Trial*, 1962). Direção de Orson Welles. França, Itália, Alemanha Ocidental, 119 minutos.

Primárias (*Primary*, 1960). Documentário de Robert Drew. Estados
Unidos, 60 minutos.

Show Me a Hero (2015). Minissérie em seis episódios de David Simon. Estados Unidos, 60 minutos (HBO).

6. COMO OS VOTOS SE TRANSFORMAM EM MANDATOS?
[pp. 151-77]

BIBLIOGRAFIA:

CARAZZA, Bruno. *Dinheiro, eleições e poder: As engrenagens do sistema político brasileiro*. São Paulo: Companhia das Letras, 2018.

NICOLAU, Jairo. *Sistemas Eleitorais*. São Paulo: Editora FGV, 2012.

_____. *Representantes de quem?*: Os (des)caminhos do seu voto da urna à Câmara dos Deputados. São Paulo: Zahar, 2017.

PEREDA, Cristina; ALAMEDA, David; LIÑÁN, José Manuel Abad. "'Gerrymandering': o polêmico método que decide o vencedor das eleições nos EUA". *El País*, 8 nov. 2016. Disponível em: <https://brasil.elpais.com/brasil/2016/11/02/internacional/1478100974_265695.html>.

REIS, Palhares Moreira. "Eleições diretas e indiretas no Brasil". *Estudos Eleitorais*, Brasília, DF, v. 1, n. 2, pp. 33-64, maio/ago. 1997. Disponível em: <http://bibliotecadigital.tse.jus.br/xmlui/handle/bdtse/1111>.

FILMES E SÉRIES:

Entreatos (2004). Documentário de João Moreira Salles. Brasil, 117 minutos.

Mitt (2014). Documentário de Greg Whiteley. Estados Unidos, 2014, 94 minutos (Netflix).

Recontagem (*Recount*, 2008). Direção de Jay Roach. 116 minutos.

Vice (2018). Direção de Adam McKay. Estados Unidos, 132 minutos.

7. COMO SÃO FINANCIADAS AS ELEIÇÕES E POR QUE ISSO IMPORTA? [pp. 179-201]

BIBLIOGRAFIA:

CARAZZA, Bruno. *Dinheiro, eleições e poder: As engrenagens do sistema político brasileiro*. São Paulo: Companhia das Letras, 2018.

GOMES, José Jairo. *Direito eleitoral*. 12. ed. São Paulo: Atlas, 2016. pp. 365-403.

JORNAL DA USP. "Como financiar eleições e partidos políticos?". 30 out. 2018. Disponível em: <https://www.youtube.com/watch?-v=r4WqDTVNT3E>.

NETO, Jaime Barreiros. *Direito eleitoral*. 10. ed. Salvador: Juspodivm, 2020. pp. 111-5.

NEXO JORNAL. "Como funciona o financiamento de campanhas eleitorais". 20 jul. 2018. Disponível em: <https://www.youtube.com/watch?v=xWzDOArra3Q>.

WARDE, Walfrido. *O espetáculo da corrupção: Como um sistema corrupto e o modo de combatê-lo estão destruindo o país*. 1. ed. São Paulo: Leya, 2018.

FILMES E SÉRIES:

Get me Roger Stone (2017). Documentário de Dylan Bank, Daniel DiMauro e Morgan Pehme. Estados Unidos, 92 minutos (Netflix).

Privacidade hackeada (*The Great Hack*, 2019). Documentário de Karim Amer e Jehane Noujaim. Estados Unidos, 114 minutos (Netflix).

Todos os homens do presidente (*All the President's Men*, 1976). Direção de Alan J. Pakula. Estados Unidos, 138 minutos.

537 votos (*537 Votes*). Documentário de Billy Corben. Estados Unidos, 109 minutos (HBO).

8. QUAL O PAPEL DOS ELEITORES NO PROCESSO DEMOCRÁTICO? [pp. 203-35]

BIBLIOGRAFIA:

BLUME, Bruno André. "Tudo que você precisa saber sobre propaganda eleitoral". *Politize!*, 15 ago. 2016. Disponível em: <https://www.politize.com.br/propaganda-eleitoral/>.

BORBA, Felipe; CERVI, Emerson Urizzi. "Relação entre propaganda, dinheiro e avaliação de governo no desempenho de candidatos em eleições majoritárias no Brasil". *Opinião Pública*, Campinas, v. 23, n. 3, set./dez. 2017. Disponível em: <https://www.scielo.br/scielo.php?pid=S0104-62762017000300754&script=sci_abstract&tlng=pt>.

DA EMPOLI, Giuliano. *Os engenheiros do caos: Como as fake news, as teorias da conspiração e os algoritmos estão sendo utilizados para disseminar ódio, medo e influenciar eleições.* São Paulo: Vestígio, 2019.

MELLO, Patrícia Campos. *A máquina do ódio: Notas de uma repórter sobre fake news e violência digital.* São Paulo: Companhia das Letras, 2020.

ROSSI, Amanda. "O eleitor decide o voto cada vez mais tarde, diz diretora do Ibope". *BBC News*, 12 out. 2018. Disponível em: <https://noticias.uol.com.br/politica/eleicoes/2018/noticias/bbc/2018/10/12/o-eleitor-decide-o-voto-cada-vez-mais-tarde-diz-diretora-do-ibope.htm>.

FILMES E SÉRIES:

A dama de ferro (*The Iron Lady*, 2011). Direção de Phyllida Lloyd. Reino Unido e França, 105 minutos.

O dilema das redes (*The Social Dilemma*, 2020). Documentário de Jeff Orlowski. Estados Unidos, 94 minutos (Netflix).

Years and Years (2019). Minissérie de Russell T. Davies. Estados Unidos e Reino Unido, 60 minutos (HBO).

9. COMO PARTICIPAR DA POLÍTICA ALÉM DAS
ELEIÇÕES? [pp. 237-49]

BIBLIOGRAFIA:

BEGGIORA, Helito. "Aplicativo para acompanhar políticos: saiba como usar o Poder do Voto". 12 fev. 2019. Disponível em: <https://www.techtudo.com.br/dicas-e-tutoriais/2019/02/aplicativo-para-acompanhar-politicos-saiba-como-usar-o-poder--do-voto.ghtml>.

INTERNETLAB. "Sobrevivendo nas redes: Guia do Cidadão". Disponível em:<https://www.internetlab.org.br/wp-content/uploads/2018/05/Sobrevivendo_nas_redes.pdf>.

POLITIZE!. "Política: por onde começar?". 16 abr. 2018. Disponível em: < https://www.politize.com.br/como-aprender-politica/>.

VALLE, Leonardo. "Quatro aplicativos e plataformas para monitorar políticos eleitos". 21 fev. 2019. Disponível em: <https://www.institutoclaro.org.br/cidadania/nossas-novidades/noticias/4-aplicativos-e-plataformas-para-monitorar-politicos-eleitos/>.

VÁRIOS AUTORES. *50 poemas de revolta*. São Paulo: Companhia das Letras, 2017.

PLATAFORMAS PARA PARTICIPAÇÃO POLÍTICA:

"Área de transparência da Câmara". Disponível em: <https://www.camara.leg.br>.

"Divulgação de candidaturas e contas eleitorais". Disponível em: <http://divulgacandcontas.tse.jus.br/divulga/#/>

"E-cidadania: Proponha e apoie ideias para novas leis". Disponível em: <https://www12.senado.leg.br/ecidadania/principalideia>.

"E-democracia: Dê sua opinião em propostas legislativas". Disponível em: <https://edemocracia.camara.leg.br/wikilegis/>.

"Portal brasileiro de dados abertos". Disponível em: <http://www.dados.gov.br>.

"Portal da transparência". Disponível em: <http://www.portaltransparencia.gov.br>.

FILMES E SÉRIES:

As sufragistas (*Sufragette*, 2015). Direção de Sarah Gavron. Reino Unido e França, 106 minutos.

Milk: A voz da igualdade (Milk, 2008). Direção de Gus Van Sant. Estados Unidos, 128 minutos.

The Square (2013). Documentário de Jehane Noujaim. Reino Unido, Egito e Estados Unidos, 108 minutos (Netflix).

Virando a mesa do poder (*Knock Down the House*, 2019). Documentário de Rachel Lears. Estados Unidos, 87 minutos.

REFERÊNCIAS BIBLIOGRÁFICAS

ABRANCHES, Sérgio. *Presidencialismo de coalizão: Raízes e evolução do modelo político brasileiro*. São Paulo: Companhia das Letras, 2018. pp. 148-82.

ARENDT, Hannah. *Origens do totalitarismo*. 2. ed. São Paulo: Companhia das Letras, 2007. pp. 330 e 393.

ARISTÓTELES. *A Política*. São Paulo: Martins Fontes, 1998. Livro VI.

BRENNAN, Jason. *Contra a democracia*. Lisboa: Gradiva, 2017.

CARAZZA, Bruno. *Dinheiro, eleições e poder: As engrenagens do sistema político brasileiro*. São Paulo: Companhia das Letras, 2018.

DEWEY, John. *Democracy and Education*. Nova York: Macmillan, 1916.

GALLAGHER, Michael. "Election indices dataset, 2020". Disponível em: <http://www.tcd.ie/Political_Science/people/michael_gallagher/ElSystems/index.php>. Acesso em: 2 jun. 2021.

HOBBES, Thomas. *Leviatã: Ou matéria, forma e poder de um Estado eclesiástico e civil*. São Paulo: Nova Cultural, 1988. pp. 143 e 147.

LEFORT, Claude. "A questão da democracia". In: _____. *Pensando o político: Ensaios sobre democracia, revolução e liberdade*. Rio de Janeiro: Paz e Terra, 1991.

LEVITSKY, Steven; ZIBLATT, Daniel. *Como as democracias morrem*. Rio de Janeiro: Zahar, 2018.

LINZ, Juan. "Totalitarian and Authoritarian Regimes". In: POLSBY,

Nelson Woolf; GREENSTEIN, Fred Irwin (Orgs.). *Handbook of Political Science*. Boston: Addison-Wesley Press, 1975. v. 3, pp. 175-411.

_____. "Regimes autoritários". In: O'DONNELL, Guilhermo et al. (Orgs.). *O Estado autoritário e os movimentos populares*. Rio de Janeiro: Paz e Terra, 1979.

LOCKE, John. *Segundo tratado sobre o governo civil e outros escritos*. Petrópolis: Vozes, 1994.

LÜHRMANN, Anna; MAERZ, Seraphine F.; GRAHN, Sandra; ALIZADA, Nazifa; GASTALDI, Lisa; HELLMEIER, Sebastian; HINDLE, Garry; LINDBERG, Staffan I. *Autocratization Surges: Resistance Grows. Democracy Report 2020*. Gotemburgo: Varieties of Democracy Institute (V-Dem), 2020.

MADISON, James; HAMILTON, Alexander; JAY, John. *Os artigos federalistas: 1787-1788*. Rio de Janeiro: Nova Fronteira, 1993.

MAQUIAVEL, Nicolau. *O príncipe*. 2. ed. São Paulo: Martins Fontes, 1996.

MONTESQUIEU, Charles de Secondat, Baron de. *O espírito das leis*. 2. ed. São Paulo: Martins Fontes, 1996.

MOUNK, Yascha. *O povo contra a democracia: Por que nossa liberdade corre perigo e como salvá-la*. São Paulo: Companhia das Letras, 2018.

PLATÃO. *A República*. 3. ed. Belém: EDUFPA, 2000. Livro VIII, pp. 360-2.

RIBEIRO, Manoel Horta et al. "Auditing Radicalization Pathways on YouTube". In: 2020 Conference on Fairness, Accountability, and Transparency, 27 jan. 2020, Barcelona. Disponível em: <https://arxiv.org/pdf/1908.08313.pdf>. Acesso em: 23 fev. 2021.

ROOSE, Kevin. "The Making of a YouTube Radical". *New York Times*, Martinsburg, 8 jun. 2019. Disponível em: <https://www.nytimes.com/interactive/2019/06/08/technology/youtube-radical.html>. Acesso em: 23 fev. 2021.

RUNCIMAN, David. *Como a democracia chega ao fim*. São Paulo: Todavia, 2018.

SCHENK, Maarten. "How Can You Stop the Spread of Fake News". BBC UK, Londres, 29 dez. 2018. Disponível em: <https://www.bbc.com/news/av/stories-46199347>. Acesso em: 24 fev. 2021.

SCHUMPETER, Joseph Alois. "Socialismo e democracia". In: _____. *Capitalismo, socialismo e democracia*. São Paulo: Editora Unesp, 2017.

TILLY, Charles. *Coerção, capital e Estados europeus*. São Paulo: Edusp, 1996.

VOSOUGHI, Soroush; ROY, Deb; ARAL, Sinan. "The Spread of True and False News Online". *Science*, v. 359, n. 6380, pp. 1146--51, 9 mar. 2018. Disponível em: <https://science.sciencemag.org/content/359/6380/1146/tab-pdf>. Acesso em: 24 fev. 2021.

WEBER, Max. "A política como vocação". In: GERTH, Hans Heinrich; MILLS, Charles Wright (Orgs.). *Max Weber: Ensaios de sociologia*. 5. ed. Rio de Janeiro: LTC, 1982. pp. 98 e 122-5.

_____. "Burocracia". In: GERTH, Hans Heinrich; MILLS, Charles Wright (Orgs.). *Max Weber: Ensaios de sociologia*. 5. ed. Rio de Janeiro: LTC Editora, 1982. pp. 230-1.

LEIS, RESOLUÇÕES E OUTRAS FONTES OFICIAIS

Ato institucional nº 1, de 9 abr. 1964. Dispõe sobre a manutenção da Constituição Federal de 1946 e as Constituições Estaduais e respectivas Emendas, com as modificações introduzidas pelo Poder Constituinte originário da Revolução Vitoriosa. *Diário Oficial da União*, Brasília, DF, 9 abr. 1964.

Ato institucional nº 2, de 27 out. 1965. Mantém a Constituição Federal de 1946, as Constituições Estaduais e respectivas Emendas, com as alterações introduzidas pelo Poder Constituinte originário da Revolução de 31 mar. 1964, e dá outras providências. *Diário Oficial da União*, Brasília, DF, 27 out. 1965.

Ato institucional nº 5, de 13 dez. 1968. São mantidas a Constituição de 24 jan. 1967 e as Constituições Estaduais. O Presidente da República poderá decretar a intervenção nos estados e municípios, sem as limitações previstas na Constituição, suspender os direitos políticos de quaisquer cidadãos pelo prazo de dez anos e cassar mandatos eletivos federais, estaduais e municipais, e dá outras providências. *Diário Oficial da União*, Brasília, DF, 13 dez. 1968.

Como nasce um Partido. Brasília, DF: Agência Senado, Jornal do Senado. Disponível em: <https://www.senado.gov.br/noticias/jornal/cidadania/partidos/not002.htm>. Acesso em: 23 fev. 2021.

Constituição (1824). *Constituição Política do Império do Brasil*. Rio de Janeiro, 1824.

Constituição (1891). *Constituição da República dos Estados Unidos do Brasil*. Rio de Janeiro, 1891.

Constituição (1934). *Constituição da República dos Estados Unidos do Brasil*. Rio de Janeiro, 1934.

Constituição (1946). *Constituição dos Estados Unidos do Brasil*. Rio de Janeiro, 1946.

Constituição (1967). *Constituição da República Federativa do Brasil*. Brasília, DF, 1967.

Constituição (1988). *Constituição da República Federativa do Brasil*. Brasília, DF, 1988.

Constituição (1988). *Emenda Constitucional nº 5*, de 15 ago. 1995. Brasília, DF, 1994.

Constituição (1988). *Emenda Constitucional nº 16*, de 4 jun. 1997. Brasília, DF, 1997.

Constituição (1988). *Emenda Constitucional nº 97*, de 4 out. 2017. Brasília, DF, 2017.

Decreto-lei nº 7586, de 28 maio 1945. Regula, em todo o país, o alistamento eleitoral e as eleições a que se refere o art. 4º da Lei Constitucional nº 9, de 28 fev. 1945. *CLBR*, Rio de Janeiro, 31 dez. 1945.

Lei Complementar nº 97, de 9 jun. 1999. Dispõe sobre as normas gerais para a organização, o preparo e o emprego das Forças Armadas. *Diário Oficial da União*, Brasília, DF, 10 jun. 1999.

Lei Complementar nº 135, de 4 jun. 2010. Altera a Lei Complementar nº 64, de 18 maio 1990, que estabelece, de acordo com o §9º do art. 14 da Constituição Federal, casos de inelegibilidade, prazos de cessação e determina outras providências, para incluir hipóteses de inelegibilidade que visam a proteger a probidade administrativa e a moralidade no exercício do mandato. *Diário Oficial da União*, Brasília, DF, 7 jun. 2010.

Lei nº 1079, de 10 abr. 1950. Define os crimes de responsabilidade e regula o respectivo processo de julgamento. *Diário Oficial da União*, Rio de Janeiro, 12 abr. 1950.

Lei nº 4115, de 22 ago. 1962. Introduz alterações na Lei nº 4109, de 27 jul. 1962, e dá outras providências. *Diário Oficial da União*, Brasília, DF, 22 ago. 1962.

Lei nº 4740, de 15 jul. 1965. Lei Orgânica dos Partidos Políticos. *Diário Oficial da União*, Brasília, DF, 19 jul. 1965.

Lei nº 6339, de 1º jul. 1976. Dá nova redação ao art. 250 da Lei nº 4737, de 15 jul. 1965, alterado pelo art. 50, da Lei nº 4961, de 4 maio 1966, e ao art. 118 da Lei nº 5682, de 21 jul. 1971. *Diário Oficial da União*, Brasília, DF, 2 jul. 1976.

Lei nº 6683, de 28 ago. 1979. Concede anistia e dá outras providências. *Diário Oficial da União*, Brasília, DF, 28 ago. 1979.

Lei nº 9496, de 11 set. 1997. Estabelece critérios para a consolidação, a assunção e o refinanciamento, pela União, da dívida pública mobiliária e outras que especifica, de responsabilidade dos estados e do Distrito Federal. *Diário Oficial da União*, Brasília, DF, 12 set. 1997.

Lei nº 9504, de 30 set. 1997. Estabelece normas para as eleições. *Diário Oficial da União*, Brasília, DF, 1º out. 1997.

Lei nº 10406, de 10 jan. 2002. Institui o Código Civil. *Diário Oficial da União*, Brasília, DF, 11 jan. 2002.

BRASIL. Lei nº 11 300, de 10 maio 2006. Dispõe sobre propaganda, financiamento e prestação de contas das despesas com campanhas eleitorais, alterando a Lei nº 9504, de 30 set. 1997. *Diário Oficial da União*, Brasília, DF, 11 maio 2006.

Lei nº 13 165, de 29 set. 2015. Altera as Leis nº 9504, de 30 set. 1997, 9096, de 19 set. 1995, e 4737, de 15 jul. 1965 (Código Eleitoral), para reduzir os custos das campanhas eleitorais, simplificar a administração dos Partidos Políticos e incentivar a participação feminina. *Diário Oficial da União*, Brasília, DF, 29 set. 2015.

Lei nº 13 487, de 6 out. 2017. Altera as Leis nº 9504, de 30 set. 1997, e 9096, de 19 set. 1995, para instituir o Fundo Especial de Financiamento de Campanha (FEFC) e extinguir a propaganda partidária no rádio e na televisão. *Diário Oficial da União*, Brasília, DF, 6 out. 2017.

Lei nº 13 488, de 6 out. 2017. Altera as Leis nº 9504, de 30 set. 1997 (Lei das Eleições), 9096, de 19 set. 1995, e 4737, de 15 jul. 1965 (Código Eleitoral), e revoga dispositivos da Lei nº 13 165, de 29 set. 2015 (Minirreforma Eleitoral de 2015), com o fim de promover reforma no ordenamento político-eleitoral. *Diário Oficial da União*, Brasília, DF, 6 out. 2017.

Lei nº 13 877, de 27 set. 2019. Altera as Leis nº 9096, de 19 set. 1995, 9504, de 30 set. 1997, 4737, de 15 jul. 1965 (Código Eleitoral), 13 831, de 17 maio 2019, e a Consolidação das Leis do Trabalho, aprovada pelo decreto-lei nº 5452, de 1º maio 1943, para dispor sobre regras aplicadas às eleições; revoga dispositivo da Lei nº 13 488, de 6 out. 2017; e dá outras providências. *Diário Oficial da União*, Brasília, DF, 27 set. 2019.

Tribunal Superior Eleitoral. Partidos registrados no TSE. Disponível em: <https://www.tse.jus.br/partidos/partidos-politicos/partidos-registrados-no-tse>. Acesso em: 25 fev. 2021.

Tribunal Superior Eleitoral. Glossário Eleitoral Brasileiro. Disponível em: <https://www.tse.jus.br/eleitor/glossario/termos-iniciados-com-a-letra-a>. Acesso em: 25 fev. 2021.

Tribunal Superior Eleitoral. Glossário Eleitoral explica diferenças entre abuso de poder político e econômico. Disponível em: <https://www.tse.jus.br/imprensa/noticias-tse/2017/Janeiro/glossario-eleitoral-explica-diferencas-entre-abuso-do-poder-politico-e-economico>. Acesso em: 25 fev. 2021.

Tribunal Superior Eleitoral. Resolução 23406/DF. Ministro Dias Toffoli. 27 fev. 2014. Disponível em: <https://www.tse.jus.br/eleicoes/eleicoes-anteriores/eleicoes-2014/normas-e-decisoes/normas-e-documentacoes/resolucao-no-23.406>. Acesso em: 25 fev. 2021.

Supremo Tribunal Federal. ADPF 132, relator: ministro Ayres Britto, Tribunal Pleno, julgado em: 5 maio 2011, DJe-198, publicado em: 14 out. 2011. Disponível em: <https://migalhas.uol.com.br/arquivo_artigo/art20111018-02.pdf>. Acesso em: 25 fev. 2021.

Supremo Tribunal Federal. ADI 4277, relator: ministro Ayres Britto, Tribunal Pleno, julgado em: 5 maio 2011, DJe-198, publicado em: 14 out. 2011. Disponível em: <https://migalhas.uol.com.br/arquivo_artigo/art20111018-02.pdf>. Acesso em: 25 fev. 2021.

Supremo Tribunal Federal. ADI 4650, relator: ministro Luiz Fux, Tribunal Pleno, julgado em: 17 set. 2015, DJe-034, publicado em: 24 fev. 2016. Disponível em: <http://portal.stf.jus.br/processos/downloadPeca.asp?id=308746530&ext=.pdf>. Acesso em: 25 fev. 2021.

SOBRE A AUTORA

Gabriela Prioli nasceu em 1986, em São Paulo. Formada em direito pela Universidade Presbiteriana Mackenzie e mestre pela Universidade de São Paulo, foi sócia do escritório Toron, Torihara e Szafir, atuando na área de direito criminal, e professora convidada no curso de pós-graduação em direito e processo penal do Mackenzie. Começou sua carreira na televisão no quadro "O Grande Debate" e, desde junho de 2020, é uma das apresentadoras do *CNN Tonight*. Tornou-se uma das personalidades mais populares do país, comentando política e outros assuntos do cotidiano em seu canal no YouTube e no Instagram, além de ministrar cursos e coordenar um clube do livro anual. Em 2020, venceu o prêmio Influenciadores Digitais na categoria Economia, Política e Atualidades. Foi colunista do jornal *Folha de S.Paulo* entre junho de 2020 e abril de 2021. *Política é para todos* é seu primeiro livro.

1ª EDIÇÃO [2021] 5 reimpressões

ESTA OBRA FOI COMPOSTA PELA SPRESS EM ELECTRA E IMPRESSA EM OFSETE PELA GRÁFICA BARTIRA SOBRE PAPEL PÓLEN SOFT DA SUZANO S.A. PARA A EDITORA SCHWARCZ EM NOVEMBRO DE 2021

A marca FSC® é a garantia de que a madeira utilizada na fabricação do papel deste livro provém de florestas que foram gerenciadas de maneira ambientalmente correta, socialmente justa e economicamente viável, além de outras fontes de origem controlada.